30年間勝ち続けたプロが教える

シンプルFX

西原宏一
Koichi Nishihara

はじめに

2013年5月、1ドル100円を突破した月。皆さんはどんな通貨ペアを取引していたでしょうか。僕が注力していたのは豪ドル／米ドルのショート（売り）でした。

アベノミクスで円安相場が進み、1ドル100円を抜けるかどうかと盛り上がっている最中です。もちろん僕も円安の動きには注目はしていましたが、このとき、実は為替市場の〝旬〟は「豪ドル売り」にありました。オーストラリア準備銀行（RBA）総裁は豪ドル高への懸念を示し、5月7日に政策金利を3%から0・25%引き下げて2・75%にしました。それとともに稀代の投機家として知られるジョージ・ソロスや世界最大のFXファンドの総裁ジョン・テイラーも豪ドル売りへと比重を傾けていました。結果、豪ドルは4月からの1か月強で1000pipsも下落したのです。米ドル／円で考えると10円の大暴落です。

本書が目指すのは、いわば2013年5月に皆さんに豪ドルを売れるようになってもらうことです。市場が注目しているテーマを知り（例えば、オーストラリアの利下げ）、その旬の通貨ペアのベストタイミングでエントリー、できるだけ長くトレンドに乗れば、大きな利益をあげることができます。「それができれば苦労はしない」という声が聞こえてきそうですが、決して難しいことではありません。

僕自身、プロトレーダーとして日々、ディールしているわけですが、別に特別なことをしているわけではありません。言ってみれば、やっているのは「トレンドを見つける」「転換・反転を読み解く」ということだけです。「シンプルFX」とタイトルづけられた本書は、いわば、僕の「トレンド」「転換・反転」を示す〝兆し〟の見つけ方集でもあります。

こうしたトレードスタイルは、ディーラーとしての約30年の経験一つひとつが積み重なってできたものであり、1章では、とくに僕と「はじめまして」の方に向けて、自己紹介がわりに僕の経歴をまとめました。2章・

3章では軽視されがちなファンダメンタルズ分析についての解説をしています。世界経済は日々動き、複雑に絡み合っているので単純化して語るのは難しいのですが、これまでのトレード事例を交えながら、僕がどう情報を得て、そこからどうやって相場のシナリオを描いているのかをまとめました。大きなトレンド、市場の「旬」を知るにはファンダメンタルズ分析が必須です。その大切さは、巻末に掲載したエコノミストの飯田泰之さんとの対談でも是非、感じてもらいたいと思います。

そして、5章と6章では、僕自身が見ているテクニカル分析のうち、初心者の方にもわかりやすいものをピックアップしました。一目均衡表、RCI、ディナポリ・チャート、いずれも「トレンド」と「転換・反転」を視覚的に示してくれるもので、とくにディナポリ・チャートの「ダブル・レポ」は、大きなトレンド転換のシグナルとなりますから、是非、取り入れてもらいたいテクニカルです。そして最終章、7章では資金管理とFXをする上での心のあり方についてふれています。

「FXでは9割の人が負けている」と言いますが、その理由は、多くの人が「利食いに焦り、含み損は耐え忍んでいる」からです。これはまったくの間違いで、トレードでは「儲かっているとき、利食いを耐え、損はガマンしない」ことが大切です。「トレンド」「転換・反転」がわかると、さまざまなトレード戦略が構築でき、ムダなガマンをしないですむようになります。ガマンがなくなると、FXは俄然楽しくなります。

この本が、皆さんの楽しいFXの伴走者になれますように――

INDEX

30年間勝ち続けたプロが教える　シンプルFX

Chapter 1

僕と為替相場の27年間
FXを楽しもう！

Chapter 2

超実践的ファンダ分析

チャートには表れない市場の思惑をつかむ

Chapter 3

セル・ザ・ファクトとオプションの壁

ファンダ分析をトレードに活かす

Chapter 5

トレードタイミングの精度を高める 一目均衡表×RCI

Chapter 6

大きな方向性とトレンドを見極める

ディナポリ・チャート

Chapter 7

資金管理から西原情報の読み方まで

FX・勝つために必要なこと

" I Still Haven't Found What I'm Looking For "

U2

Chapter 1
FXを楽しもう！

Chapter 1

僕と為替相場の27年間 FXを楽しもう！

ひたすらのドル売りで始まったディーラー人生

僕がシティバンク東京支店に入行し、ディーリングルームに配属になったのは1985年6月のことです。

それから3か月後、為替市場を激震させるイベントがありました。「プラザ合意」です。先進5カ国財務相・中央銀行総裁会議（G5：アメリカ、イギリス、西ドイツ、フランス、日本）が、ニューヨークのプラザホテルで開催され、ドル高是正のため為替市場への協調介入を強化するということが合意されたのです。

当然、これを機に為替市場は激変。それまでのドル高から一転して急激なドル安が進行しました。数か月で1ドル240円から200円割れと40円以上の円高ドル安となったのです。

僕がディーラーとしての第一歩を踏み出したのは、そんな激動の時代でした。

円高が急激に進んでいるときにディーリングをスタートしましたから、感覚としては「ドル円は落ちるもの」。ただ、ひたすらドルを売り、円を買う取引を繰り返すだけでした。

シティバンク入行当時は「ナイトデスク」という、24時間動く為替市場のなかで夜間に取引をする役割を担当していました。まず夕方、出社して、顧客との為替のカバートレードをする。それが終わると、ドル円をショートにして帰宅する。そして翌朝の東京市場で1円落ちているので、それを買い戻すという毎日でした。ドルを売れば儲かるわけですから、楽なものです。

正直、もっと多くのポジションを持ちたいと物足りなく思ったりもしたものです。

スイスフランで「為替の心理戦」を学ぶ

そして、シティバンクに入って3年目に、米ドル／スイスフランの担当になりました。

皆さんも想像できるかと思いますが、日本企業が米ドル／スイスフランの取引を行うことなど、ほとんどありません。邦銀の一部でスイスのインパクトローンという使途制限なく外国為

[図1] ディーラーになった3か月後に「プラザ合意」

替銀行から借り入れできる外貨ローンに絡む取引があったぐらいです。

「実需」と呼ばれる輸出入企業などからの注文があれば、それに乗った取引もでき、儲けやすいのですが、実需の「玉」（注文）を持たないディーラーはいいカモにされます。当時、米ドル／スイスフランを手がけていたディーラーのほとんどは、実需玉を持ったスイス系銀行の恰好の餌食になっていました。銀行内で生き残るためには収益をあげないといけないので、僕も必死です。

1980年代当時の為替市場はディーラーとディーラーの一騎打ち的な側面がありました。お互いのポジション、腹の内の読み合いです。実需の玉を持っているフリをしたり、買いとみせかけて実は売りという「フェイク」を覚えたのもこのころです。

また、生き残るため、実需を持っているシティ・シンガポールのトレーダーにお世話になったりもしました（彼らとはその後、僕が米ドル／円を担当したこともあり情報のやりとりが増え、今でもいい友人関係が続いています）。

今は取引の電子化が進み、マーケットに対する取り組み方は随分変貌しましたが、為替市場の仕組みそのものが変わったわけではありません。「ほかのトレーダーの心理を読む」ことは、今も変わらずFXをするうえで大切なことです。

「今の相場でほかの投資家がどう考え、どう取引するだろうか」と、相手の手の内を想像することで、自分のポジションを俯瞰することができます。ある友人は、自分がロングの場合、反対のポジションを持っている参加者の心理、つまりショートにしている参加者になりきって考えることが大切だといっています。例えば、突然、何らかのヘッドラインでマーケットが上昇したとします。自分がショートでこの急騰を受けたら、どのレベルを超えると損切りするのかな？　と想像するのです。つまり、自分のポジションを中心に相場を考えるだけでなく、反対の立場だったらどうするのかを考えてみる。すると、あるレベルを超えてショートのストップロスがついたレベルが、ロングを利益確定するレベルだな、というように自らのトレード戦略を多様化できます。

この米ドル／スイスフランという通貨ペアで四苦八苦した経験が、生き残るための心理戦の大切さを教えてくれました。

湾岸戦争で知った「セル・ザ・ファクト」

こうして振り返ってみると、一つひとつの経験が僕の今のトレードの礎になっていることを実感するのですが、もっとも印象に残っているのが１９９０年です。大納会に日経平均が史上最高値となる３万８９５７円をつけた翌年のことです。

この年、担当する通貨ペアが米ドル／円となりました。スイスフランと違い、東京にも多くの実需があり、東京市場の主役となる通貨ペアです。とはいえ、日本の大企業の実需玉を持っているのはシティバンクなど外資系銀行ではなく日本のメガバンクでしたから、決して楽な勝負ではありませんでした。ましてや当時の東京市場で僕は最年少の米ドル／円担当だったので、邦銀のディーラーからも外資系のディーラーからも狙い撃ちされ、ずいぶんと鍛えてもらったものです。

この米ドル／円担当時代に、僕のディーラー人生に大きな影響を与える出来事が起こります。イラクによるクウェート侵攻と湾岸戦争です。

１９９０年８月のイラク軍によるクウェート侵攻には全世界が驚いたわけですが、マーケットにとってもあまりに唐突な事件でした。「有事のドル買い」という相場格言がありますが、その言葉どおり、為替市場では米ドル／円が急騰します。

このとき僕はドル売りのポジションを持っていて、予期せぬ出来事を前にあっけにとられ、すぐにアクションに移すことができませんでした。当時も基本的にはドル売りで収益をあげていたからです。

幅にして２円、当時は５０００万ドル単位で売買をしていたので１億円ほどの損失になったところで、やっとポジションをドテン（売りポジションを決済し、新たに買いポジションをとること。あるいはその逆）し、損失を取り戻して余りある収益をあげることができました。

そして、その半年後の１９９１年１月、今度

[図2]「セル・ザ・ファクト」を痛感した湾岸戦争

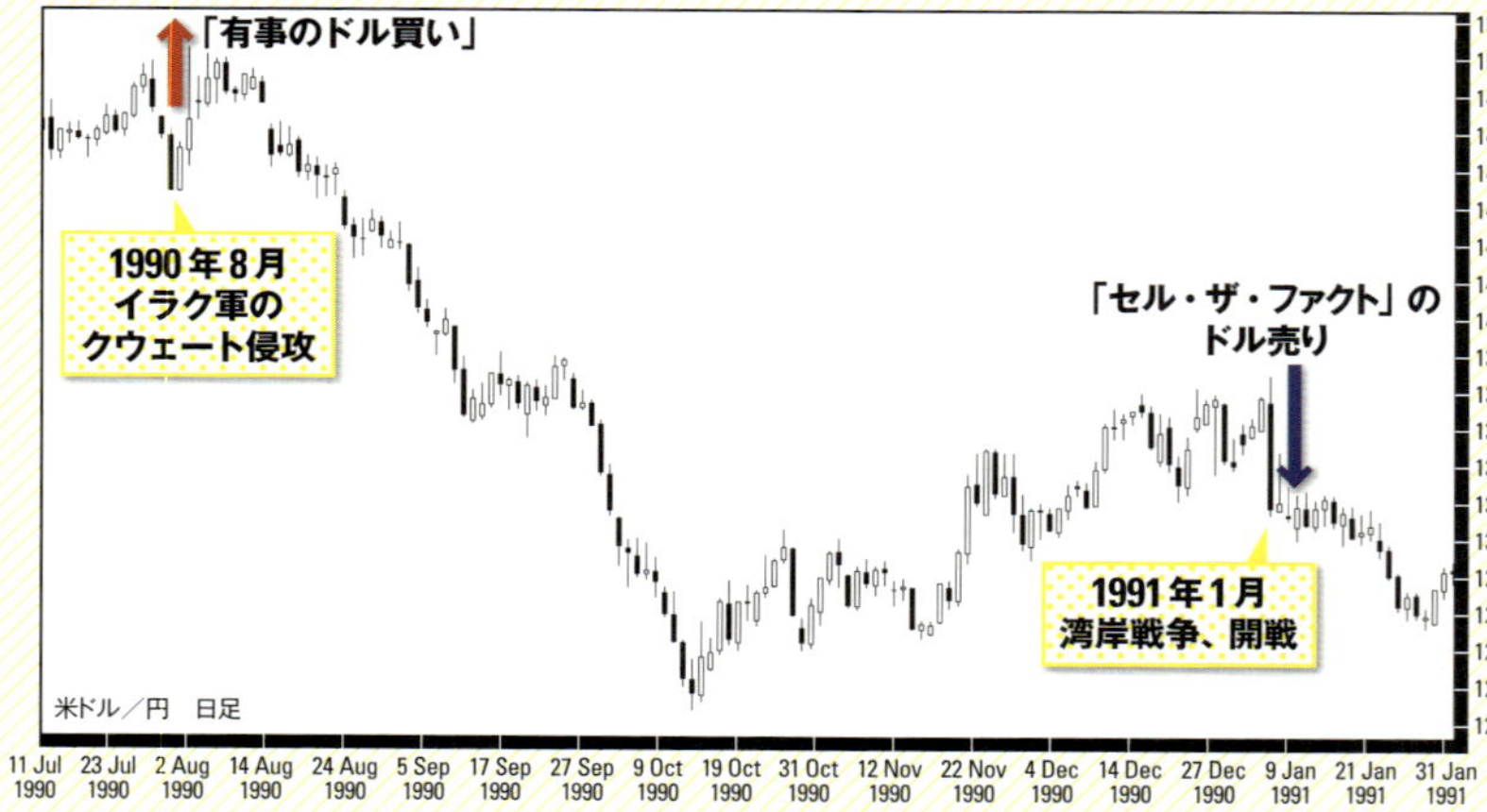

は多国籍軍によるイラク空爆が始まります。湾岸戦争の開戦です。湾岸戦争が始まるまで、「有事のドル買い」により、毎日米ドル/円はじりじりと値を上げていきました。そして開戦の一報と同時に米ドル/円は急騰。しかし、多国籍軍の空爆は僕にとっても爆弾を落とすことになりました。

開戦が報じられた瞬間こそ米ドル/円は急騰しましたが、その後、急反落。クウェート侵攻は誰もが予期せぬ突然のことでしたが、イラク空爆は事前に予想されていたことであり、市場参加者はすでにドルを買い終えていたのです。空爆の始まりは「ドル買い」のシグナルではなく、「ドル買いポジションを利食いせよ」とのシグナルだったのです。ドルを買い終えていたディーラーたちが一斉にポジションを閉じる動きに出て、ドルは売られ、ドル安が進んだのです。

相場格言にある「バイ・ザ・ルーモア/セル・ザ・ファクト(Buy the Rumor, Sell the Fact)」──噂で買って事実で売る、を目の当たりにしたわけです。空爆の噂が流れ始めたときが仕込みどきで、ファクト=空爆の始まりが決済のときでした。

ただ僕は前回の「クウェート侵攻での成功体験」と、開戦前までのドル買いで好調に収益をあげており、「有事のドル買い」が基本になっていました。開戦をきっかけにして、ドル売りに転じなければいけないという発想に乏しく、この日の相場は、後手にまわり大きな損失となってしまったのです。

ちなみに、「有事のドル買い」という言葉は、2001年9月11日、アメリカ本土が初めて攻撃された「アメリカ同時多発テロ」を機に、「有事のドル売り」に変化しています。

いずれにせよ、このときの経験で「セル・ザ・ファクト」は、僕にとってトレードをするうえで非常に大切な言葉となりました。これについては、3章で改めて詳しく説明します。

“忘れ物”を探しにロンドンへ

それから20代後半から30代前半までの7年、異例ともいえる長い期間、米ドル／円のボードディーラーを担当しましたが、やがて海外への思いが抑えきれなくなります。

僕の父親は資源開発の会社に勤めており、インドネシアやナイジェリアに赴任していた時期がありました。父親から異国の話を聞かされながら育った僕には、海外勤務はある種、当然の流れでもありました。為替ディーラーなら海外で働く機会が多いだろうなと漠然と考えていたのですが、実際は東京オフィスでの多忙なトレードをこなしているうちに、気づけば30代も半ばにさしかかっていました。

僕が好きなバンド、U2に『I Still Haven't Found What I'm Looking For』という曲があります。探していたものはまだ見つからない――そんな意味のタイトルですが、当時の僕もこんな心境でした。

そしてドイツ銀行ロンドン支店へと自分の居場所を移すことになります。ドイツ銀行ロンドン支店で担当したのはジャパンデスクでした。ドイツ銀行ロンドン支店のディーリングルームは、日本人が僕一人ということもあり、日本の顧客相手の営業も担当しました。当初はおおいに戸惑いましたが、いい経験ができたと思います。

「プロップディーラー」のミッションは儲けること

ドイツ銀行の次に在籍したのはシンガポール開発銀行（DBS）です。日本での知名度はありませんが、シンガポールのみならずアジアでも最大級の銀行です。

シンガポールではまた新たな役割を任されることになります。「プロップディーラー（プロップライアトリーディーラー：Proprietary dealer）」です。

シティバンクやドイツ銀行では、顧客の注文を受けながら自分の裁量でも取引するディーラーでしたが、プロップディーラーはすべて自分の裁量でトレードをします。これは顧客のトレードをさばくインターバンクディーラーとはまったく別の仕事です。

インターバンクディーラーのメインの仕事は、顧客の為替注文をうまくさばいて利益を出すことです。顧客の玉に乗りうまく収益をあげることができる場合もあれば、顧客からの玉で損失を被ることもあります。つまり、インターバンクディーラーとは、カスタマー・ドリブン（顧客主義）の仕事であり、勤務時間も通常の銀行員のシフトになります。

しかし、プロップディーラーには、背後に顧客がいるわけではありません。銀行から一定の取引枠を与えられ、いつ取引をしてもいい、どこで取引をしてもいい。為替だけではなくコモディティでも、金利でも、新興国通貨でも、何を取引してもいい。与えられたミッションはただ「利益をあげる」ことだけ。利益があがらなければクビ、というシンプルなものです。

そのためプロップディーラーは、「銀行内におけるヘッジファンド（Internal hedge fund）」と呼ばれていました。

為替の直物取引（いわゆるＦＸ）だけでなく、そこに為替オプションを組み合わせて収益をあげるということをメインに行っていました。さらには為替市場だけでなく、金融市場全体を見通せるようになったことは今でも財産となっています。

僕が現在、独立しているのも、このときの「顧客からの注文がない状態でも収益をあげる」という経験が基礎になっています。

しかし、東京、ロンドン、シンガポールという歩みのなかで得た最大の財産は、やはり「仲間」です。ロンドンでの営業経験は最初こそ抵抗感があったものの、為替に限らない幅広い人脈をもたらしてくれましたし、シンガポールでプロップディーラーとして生き残ることができたのは、ヘッジファンドや機関投資家などとの交流に支えられてのものでした。

銀行、証券、ヘッジファンド、事業法人、日本、ロンドン、シンガポール――そうした人脈を通じて金融全般の知識を深めることで、逆に為替に対してもより深い見方ができるようになった、そう感じています。

FXに欠かせない〝シナリオ作り〟

「為替市場では個人もプロも同じ土俵。インサイダーなどない」――そんなことが言われます。確かにインサイダー的な情報はほとんどないだろうと思います。

しかし有力なヘッジファンドや大口の機関投資家が「どのような見方をして、どんな材料に注目し、どう取引しているのか」といった情報はとても有用です。

極端な例でいえば、中央銀行が為替介入するときも、ジョージ・ソロスのような著名で市場への影響力が大きい投機筋が取引するときも、銀行を介して取引するわけです。

為替介入やソロスの注文に乗じて取引すれば、まず儲かります。ズルいと思われるかもしれませんが、それがプロのディーラーの仕事です。逆に巧妙な顧客に裏をかかれ、損失を被ることもあるわけですから、相場は誰にとっても平等にできています。

加えて欧米の投資銀行は、バジェット（予算）が厳しく、それに達しなければ一定のプラスを出していても簡単にクビになります。為替の世界で生き残る厳しさは、ある意味、誰でも同じなのです。

今は独立し、個人投資家と大きくは変わらない立場で取引していますが、仲間との情報交換はトレードに欠かせません。でも、それは特別なインサイダー情報を得るためというわけではありません。信頼する仲間がどう分析しているか、どんなシナリオをたて、何に注目しているかを聞くためです。

FXは「アイデアの勝負」でもあります。トレードに欠かせないのは為替市場がどう動くだろうかという脚本、シナリオのイメージです。シナリオを仲間と話し合いながら、「金利低下が十分に織り込まれていないのではないか」「ポンドを買いたいが、豪ドルは利下げが予測されているので上値が重いだろうから、ポンド／豪ドルを買ってみようか」といった感じでブレインストーミングしながらシナリオを練り上げ、戦略を組み立てていくわけです。

大切なのは、情報は得ることにあるのではなく、入手した情報をもとにどんなシナリオ、戦略を組み立てるかです。シナリオを一緒にブレインストーミングするための仲間は僕にとって最大の財産です。

FXの負けパターン

シナリオだけではありません。相場では迷うこと、窮地に陥ること、精神的に落ち込むことが多々あります。そのときにも仲間のありがたみを感じます。

これは皆さんも同じで、ひとつ教訓にしてほしいのが「FXはひとりでやらないほうがいい」ということです。誤解がないように最初に断っておきますが、取引の最後の決断は自分自身が行うわけで、この点において、どこまでも自分で責任を取る必要がある孤独な作業です。

ただ自分のシナリオと違う動きのなかで負けが続いているとき、とくに迷いが生じているときにひとりで考えると、ドツボへとハマってしまいます。

FXで失敗する人にはパターンがあります。

- 損を引きずる人
- 意地になって損を取り返そうとする人

この2つです。銀行ディーラーであれば、銀行内のルールがありますから、負けたときは強制的にトレードを禁止されたり、取れるポジションの量を減らされたりと、ドツボを回避するための仕組みが整備されています。

でも、個人投資家の場合、監視してくれる上司もドツボ回避の仕組みもありません。一度負けたからといって失敗を引きずり、意地を張ってさらに大きく負けてしまう人がよくいます。

「今、ユーロが上がりそうな気がするんだけど、どう思う?」と気軽に聞けて、自分では気がつかなかったポイントを指摘されたり、踏みとどまったり、逆に背中を押してくれたり、そうした信頼できる仲間がいることで助けられることが多々あると思います。

僕の場合もトレード中はつねに仲間とのチャット・ウィンドーが開きっぱなしになっています。僕が外出中に相場の異変があれば、電話をくれる仲間もいます。

どうやって仲間をつくるか、最近ではオフ会やFX会社の会場セミナー、それにフェイスブックやツイッターなどのSNSも活発ですから、そうしたツールを利用してみるのもいいと思います。

為替相場の歴史的転換点で

さて、話は逸れましたが、シンガポールのDBSを退職後、2006年に東京へ戻ってきました。それからCKキャピタルという自分の会社を立ち上げて、組織のためではなく自分のためにトレードを始め、同時に個人でFXをやっている皆さんに向けたメールマガジンやセミナーなど、情報配信も始めるようになりました。

銀行に所属するディーラーではなく、個人投資家と変わらない環境になったわけです。

何が変わったかといえば、当たり前ですが資金量です。銀行時代は1億ドルのポジションを取ったりすることもありましたから、1円幅の損切りが1億円です。同じことは到底できません。

今も個人の方から見れば大きなポジションを取ってはいますが、銀行時代とはケタが違います。より個人投資家に近い目線になったことで、資金管理の大切さを身をもってアドバイスしやすくなりました。もうひとつの変化はチャートの重要度です。銀行時代は、チャートよりもファンダメンタルズや市場の需給、とくにオプションなどの情報面が判断材料のほとんどでした。もちろんチャートも見てはいましたが、テクニカル分析のレベルはおそらく銀行のディーラーよりも個人投資家のほうが上なのではないでしょうか。

個人投資家のなかには、銀行ディーラーも驚くような量の取引をし、大きな収益をあげている人もいます。そんな彼らのやり方の多くがテクニカル重視で、目からウロコが落ちるような話を聞かせてくれる人もいました。僕も独立してからは、自然とチャート分析にも力を入れるようになりました。

僕がシティバンクに入った1980年代当時と今とでは、為替市場の様相はまったく異なります。以前はディーラー同士が直接、取引を行うこともありましたが（Direct dealing）、今はEBS（Electronic Broking System）——パソコンを通じた取引です。

市場の規模にしても、世界の一体化によりはるかに大きくなっています。規模だけでなく取引の内容にしても、実需が大半だったのは前の話であり、今は資本取引が圧倒的な割合を占めています。チャートなどをもとにして取引する市場参加者もそれだけ増えており、テクニカル分析の有用性は以前よりも増しています。

加えて、AIを利用した高頻度取引（HFT：High Frequency Trade）をはじめ、ロボットトレーディングのシェアも増えてきており、相場にアプローチする方法は多様化しています。

とはいえ、為替市場を動かす根本的なものはファンダメンタルズとテクニカルです。テクニカル分析とファンダメンタルズ分析をどう融合させ、どうトレードに活かすのか、そんなところも本書が目指すところです。

今、為替市場は大きく動いています。２０１２年11月の衆議院解散以降、20円以上の円安ドル高が半年もたたずに進みました。変動相場制になってから40年近く続いてきた円高の時代から、円安の時代への歴史的な転換期に僕たちはいるのかもしれません。

いわば、ＦＸを通じて、「ダイナミックに躍動する国際経済を知る喜び」を味わえる恰好の時期です。

僕自身、27年間、飽きることなく為替を取引してこれたのは、「仲間」とともに、経済、財政、金融を知る楽しみがそこにあったからです。

次章から僕が実践していることのなかで、個人投資家の方も取り入れられるファンダメンタルズ分析、わかりやすいテクニカル分析をご紹介していくわけですが、この本が皆さんにとってＦＸで利益をあげるヒントになり、また、ＦＸの楽しさを伝えるものになればと思っています。

では、しばらくの間、おつき合いください。

" Success is not final, failure is not fatal
: it is the courage to continue that counts "

Winston Churchill

Chapter 2
超実践的ファンダ分析

チャートには表れない市場の思惑をつかむ 超実践的ファンダ分析

為替市場では何年かに一度、「パラダイムチェンジ」が訪れます。

2012年末からの円安相場への転換はまさにその典型です。

パラダイムチェンジには通常のトレンド転換以上の意味があり、為替市場のテーマや注目される材料、トレード戦略、チャートの見方など、あらゆる局面に影響を与えます。

2012年11月以前の円高相場では、言いすぎかもしれませんが「円は買うものだ」という認識がありました。2007年のサブプライムショック以降は世界のどこかで問題があれば、「セーフヘブン通貨」（逃避通貨）として円が買われていましたし、アメリカの経済指標が好転し、米ドル／円が上昇していても、むしろ逆バリで円買いをする人も少なくありませんでした。

またFRBやECBの金融政策が市場の材料となっても、日本銀行の金融政策決定会合が注目されることはまずありませんでした。円は世界第三位の経済大国の通貨でありながら、ある意味、非常に地味な存在だったのです。

そうしたパラダイムを変えたのが、2012年11月の衆議院解散と当時野党だった自民党・安倍晋三総裁によるデフレ脱却の主張です。その後の衆議院選挙では自民党が圧勝。安倍総裁が総理となり、選挙戦の主張は「アベノミクス」として日本の経済政策となっていきます。

こうしたファンダメンタルズの動きのなかで、ヘッジファンドは「円売り」をメインテーマに、円売り取引を繰り返します。デフレ脱却の金融政策を舵取りする日銀総裁の後任人事が注目され「誰が日銀総裁になるのか？」の話題でもちきりとなりました。新総裁就任後、初の金融政策決定会合となった4月には日本銀行がどんなアクションを起こすのかを誰もが話題にしました。こうして円は為替市場を動かす「ドライバー」になり、為替市場の主役へと躍り出たのです。

このパラダイムチェンジは、日本人である我々には馴染み深い円についてのものであり、新聞やテレビなどでも大きく取り上げられましたから、個人投資家も「何かが変わったな」と気づくことができたと思います。

ところが、これが米ドルやユーロに関するパラダイムチェンジであれば、意識していなければ変化に気づくのが遅れてしまうかもしれません。**パラダイムチェンジに気づかないままでいれば、大きな波を見失うのでFXで勝つことがとても困難になる**のは、容易に想像できると思います。

市場のパラダイムチェンジを知る

為替市場のパラダイムを見抜くうえで役立つのが、ファンダメンタルズ分析です。

パラダイムチェンジが起きる場面では、国の政策や景気などに大きな変化があります。このためパラダイムチェンジで急激に動く相場では、テクニカルよりもファンダメンタルズに従うほうが適している場合もあります。

2012年11月以降の米ドル／円の動きを日足や4時間足でテクニカルにとらえても、インジケータによってはずっと「買われすぎ」が点灯したままで、これまでのテクニカル取引のイメージで調整の下落を待っていてもあまり下がらず、結果的にはずっと上昇していきました。

以前なら、アメリカの雇用統計は米ドル／円の値動きに大きな影響を与えるイベントでしたが、パラダイムチェンジは雇用統計すらも呑み込んでしまいました。

黒田東彦・日銀総裁が「異次元の金融緩和」を発表したのが２０１３年４月４日。その翌日は、米国３月分の雇用統計の発表日で、ＮＦＰ（非農業部門雇用者数）では19万人ほどの増加が見込まれていながら、フタを開けてみれば９万人にも満たない結果でした。

従来ならば、米ドル／円の恰好の売り材料となるはずですが、このとき市場の関心は完全に「異次元緩和」へと移っていました。市場参加者は「雇用統計で下がったら押し目買いの好機」とばかりに虎視眈々と狙っており、雇用統計の発表により30銭ほど下げたあと、急反発しています（図１）。「異次元の金融緩和」の前には、「経済指標の王様」と呼ばれる雇用統計さえもかすんでしまったわけです。これがパラダイムチェンジのインパクトです。

パラダイムが変化するときはトレーダーが注目すべき市場、材料、人、戦略など、ＦＸに関連するあらゆる事象に影響が及ぶのです。

ファンダメンタルズ分析と対比されるのがチャートをもとにしたテクニカル分析ですが、多くの個人投資家はこちらを好むようです。

テクニカル分析はトレードのタイミングを測るのに有用ですが、このような大きなパラダイムチェンジを探ることには適していません。そしてこうしたパラダイムチェンジは数年に一度かもしれませんが、

必ず起こります。個人投資家の方もチャート分析の時間の一部を、もう少しファンダメンタルズ分析にさいていただきたいと思います。

これまで米ドル／円はアメリカの政治経済に反応しても、日本のファンダメンタルズには反応しませんでした。そんな相場では、「ファンダメンタルズ軽視」の風潮になるのも無理はありません。

ところが、ここにきて日本の金融政策が大きく注目されています。ファンダメンタルズ分析はトレードに直結するものではありませんが、**「世界経済で何が起きているのか」**を意識する**ことで、パラダイムチェンジをいち早く察知する**ことができます。

本書巻末にエコノミストの飯田泰之さんとの対談を収録したのは、日本の金融政策に大きな影響を与え、世界から注目されている「リフレ政策」を含め、そうしたファンダメンタルズ分

[図1]「異次元の金融緩和」に米雇用統計もかすむ

析に興味をもってもらいたいとの思いからです。

とはいえ、皆さんが目指すのは「FXで資産を増やすこと」であって、「金融のお勉強」ではありません。**為替におけるファンダメンタルズ分析は、経済指標や要人発言などを受けた市場のコンセンサスが何かを探ったうえで、その先のシナリオを考えること**です。政治経済について勉強することがファンダメンタルズ分析でありませんが、知識がなければ理解できません。

FXの収益を増やすには、テクニカル分析とファンダメンタルズ分析をバランスよく勉強していくことが大切ですし、「FXにどう活かすか」という視点を常に持ち続けてください。

市場は何を〝テーマ〟に動いているか？

さて、ファンダメンタルズ分析といっても、対象は非常に広範です。テクニカル分析は移動平均線の動きとか、オシレータのレベルとか、インジケータの示すものが明確ですが、経済の基礎的条件と言われるファンダメンタルズはこのへんがハッキリせず、それが個人投資家に敬遠される理由かもしれません。

まず最初に意識してほしいのは、「市場が今、何に注目し、何をテーマとしているか」です。**為替市場は通貨の人気投票**であり、多くの参加者が支持する通貨は買われ、見放すと売られていきます。中央銀行の総裁が市場とのコミュニケーションに注意を払うのも、こうした市場参加者を意識してのことです。

市場のテーマを意識することで、見るべきファンダメンタルズ分析の対象はグッと狭まります。僕が毎日、友人の銀行ディーラーやヘッジファンドのトレーダーと意見交換するのも、市場の注目がどこにあるか、他の人がどのように考えているかを知ったうえで自分の考えをまとめることが重要だからです。円安・円売りへと市場のパラダイムが変化する前に市場が注目していたのは、ユーロ圏の債務危機でした。そのなかでもギリシャであったりイタリアであったりスペインであったりと、市場の注目は時期によって異なっていました。

イタリアの政局が注目されているとき、ギリシャで何も起こっていないわけではありません。しかし、市場の注目がイタリアに集まっているのであれば、よほどインパクトの大きな話題でない限り、ギリシャ関連のニュースで相場は動きづらくなります。イタリアが市場の耳目をひいているなら、イタリアに分析の時間を集中すればいいわけです。もしその間に、他国でよほど大きな話題がでてきたのなら、自然と耳に入ってくるでしょうし、マーケットもそちらに動くものです。

では、「何が市場のテーマとなっているのか」ですが、情報を集める方法は人それぞれだと思います。たとえば、市場のテーマをコンパクトにまとめて教えてくれるのが、テレビ東京の『ニュースモーニングサテライト』です。朝5時45分からの番組なので僕は録画をして視聴していますが、映像や音声での解説は頭に残りやすいですし、録画であれば不要だと思う部分を飛ばすこともできます。

番組を通じて目新しいニュースに接することは少ないですが、金融業界の人たちがどういったテーマ、材料に注目しているのかを知るためには便利だと思っています。こうした番組でよく取り上げられた話題が、市場のテーマと考えてもいいと思います。

投資に役立つ旬の情報メディアといえば『日本経済新聞』を思い浮かべる人が多いと思います。たしかに役立つ情報もあるのですが、「為替」や「投資」という目線だけで記事が作られているわけではありませんから、「市場のテーマを知る」という目的からは離れてしまいます。

その点、『グローバルインフォ24（GI24）』などの為替専門ニュースは役立つでしょう。GI24以外にも『Market Win24』や『fx wave』などFXトレーダー向けに特化した情報配信会社はいくつかあり、こうしたニュースはFX会社に口座があると無料で読むことができます。

GI24などは一日数十本のニュースが配信されますから、すべてを精読するのは大変ですが、ヘッドラインをざっと眺め、そこでよく目にする単語や国名があれば、それを今の市場のテーマだと考えることもできます。

為替市場の公用語は英語

また、英語の情報にもぜひ接してほしいと思います。為替市場を動かすのは、主に欧米の投資家です。多くの欧米の投資家は日経を読んではいません。彼らにとっての日経は『フィナンシャル・タイムズ（FT）』であり『ウォール・ストリート・ジャーナル（WSJ）』です。また『ブルームバーグ』や『ロイター』もチェックしています。同じ記事が掲載されても、市場に与えるインパクトは日経と海外メディアでは大きく違います。

ひとつの事例を見てみましょう。2013年3月12日未明、日経の電子版に「追加緩和、前倒し決断も　黒田氏が臨時会合を示唆」との記事が掲載されました。日銀総裁就任直前の黒田東彦氏が、4月の金融政策決定会合前に緊急理事会を招集、緩和策を打ち出す可能性を示唆したとの観測記事です。

[図2] 日経とブルームバーグの影響力

NY市場の時間帯であるにもかかわらず、日経電子版の一報に市場は反応せず。数時間後、ブルームバーグが後追い記事を報じると、市場は大きく反応した。為替市場を動かす欧米の投資家が見ているのは日経ではなく、英語のメディアなのだ

ヘッドラインだけでも見る習慣を

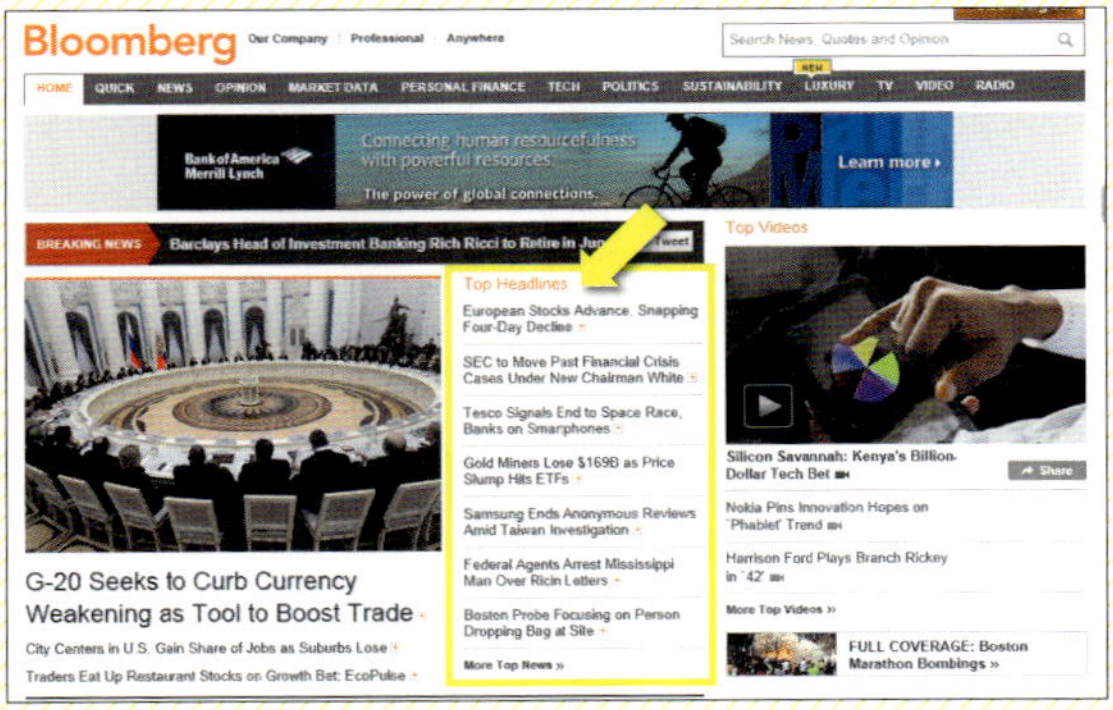

ブルームバーグやFT、ロイターの記事はサイトから読むことができる。ヘッドラインに目を通して、市場が何に注目しているのかをチェック

記事が掲載されたのはNY市場の時間帯である12日0時半すぎでしたが、市場はとくに反応がありませんでした。ところが、数時間後の12日朝6時半ごろ、同様の記事が英語版ブルームバーグに掲載されると、NY市場が閉まったあとの閑散としやすい時間帯にもかかわらず、米ドル/円は約30銭の上昇となりました(図2)。

同じニュースでも日本だけの〝ローカル〟メディアが報じたところで、欧米の投資家は知るよしもありませんが、ブルームバーグが報じれば周知され、為替市場が反応するわけです。

さらにいえば「緊急会合があるのでは」との憶測は、この時期、すでにプロのトレーダーの間でささやかれていました。この話題そのものに「サプライズ感」はないのですが、それがニュースとしてブルームバーグから出たことにより市場の材料とされたのでしょう。

日経がトレードの情報収集には役に立たないと言っているわけではありません。為替市場の公用語は英語ですから、「トレードに役立てる」という点では、日経を読むよりもFTやブルームバーグ、ロイターのほうがより実践的な意味があるということです。ブルームバーグもロイターもサイトにアクセスすれば、記事のほとんどを読むことができます。別に記事の詳細を読み解く必要はありません。

また英語サイトですが、『ForexLive』(www.forexlive.com)や『ZeroHedge』(www.zerohedge.com)も市場関係者はよくチェックしているメディアです。

ヘッドラインだけを流し読みして、何が話題になっているかを知るだけで十分です。ブルームバーグもロイターも日本語版のサイトがありますが、翻訳の分だけ情報の更新が遅れます。「本家」の英語版にアクセスしたほうがいち早く情報を得られますから、英語アレルギーのある人も覗いてみてください。

「メイントレンド」に徹する

市場のテーマには息の長いものと短いものがあります。息の長い市場のテーマは為替市場に「メイントレンド」を生み出します。

僕が銀行のプロップディーラー時代から強く意識していることで、皆さんにもぜひ心がけていただきたいのが、**「市場のメイントレンドにいかにうまく乗っていくか」**ということです。

アナリストであれば、「市場のメイントレンドは何か」を言い当てるだけでいいのでしょうが、僕らディーラーは市場のメイントレンドに乗って儲けないと意味がありません。プロップディーラーにとって、相場観が外れ損失を被っても、トレーディングで損失を出すことは誰にでもあることなので資金管理さえちゃんと行えば問題にはなりません。シニアトレーダーとして次に儲けてくれるであろうと、銀行のマネジメントも考えてくれるからです。

ところが、相場観は当たっているのに調整局面で持ちこたえられず、大きく儲けられなかったとなると、プロップディーラーとしては大問題です。彼はトレーダーではなく、アナリストであると烙印を押されるからです。アナリストではなく、トレーダーであるのは皆さんも同じでしょう。

「ユーロ圏債務危機」の最初に、ギリシャの粉飾決算というテーマが浮上したのが2009年。翌年、ユーロ/米ドルは夏にかけて約3000pipsほど下落しました（図3）。非常に大きな下落で、今になってチャートを見れば、「ひたすら売っておけばよかっただけ」の簡単な相場に見えます。

しかし、あとから見れば一本調子で下げている相場でも、途中途中には上昇する局面も多々あり、そうした反発局面ではユーロ上昇を示唆するニュースや「そろそろ危機が収束するのでは」といった見通しが広がってきます。

メイントレンドが本当に終わったのか？ テーマとしてのユーロ危機は賞味期限が切れたのか？ その判断次第で収益は大きく変わります。

メイントレンドが終わっていないのであれば、上昇局面は戻り売りの絶好機になりますし、賞味期限切れなのであればポジションを決済して利益確定しなければいけません。

メイントレンドが収束したのか、継続しているのかを判断するために、僕たちはチャートを分析し、そしてファンダメンタルズを分析するわけです。

図3でいえば3000pipsの下落途中、何度かの反発がありながら1ユーロ1・18ドル

[図3] 市場のテーマが変わればメイントレンドも変わる

で下げ止まりメイントレンドは反転しました。

ユーロ危機が収束したわけではないのは、その後、ユーロ危機第二幕といったかたちで再燃したことからも明らかですが、このときは市場のメイントレンドが欧州から米国へと移行したからです。

2010年夏に、バーナンキFRB議長がカンザスシティ連邦準備銀行の主催するジャクソンホール会議で行った講演で、追加緩和であるQE2導入をほのめかし、その瞬間から、市場の関心がユーロ危機から「いつQE2へと踏み切るか」へ移っていったためです。

ユーロの売り材料そのものには大きな変更がなくとも、より新鮮で大きな材料であり、ドル売りにつながるQE2というアメリカ側の材料へ、移り気な為替市場がテーマを乗り換えたのです。

僕の場合は日々収益をあげないといけないので、メイントレンドが下落であっても短期的な売買で買いから入ることもありますが、プロではない皆さんには「ノルマがない」という強みがあります。

メイントレンドが下降ならばひたすらショートし、反発局面では様子を見ながら戻り売りの機会を待つ。メイントレンドが上昇ならばロングに徹して、反発局面では押し目買いや買い増しの機会を待つ。

こうした、**メイントレンドの波に乗ることだけを考えていくと、利益効率をあげられる**のではないでしょうか。

メイントレンドを知らせる「リアルマネーのフロー」

メイントレンドができるときの予兆、あるいは**トレンド本格化のシグナルとなるのが「リアルマネー系」の動き**です。

為替市場にはさまざまな「フロー（取引）」があります。FXのような個人投資家はむしろ小口。金融機関のディーラーが短期的な収益を狙って取引したり、投資信託が外国債券での運用のために円を豪ドルに換えたり。あるいは「実需」と呼ばれるところでは、トヨタやパナソニックのような輸出企業が海外の売り上げで得た外貨を円と交換したり、東京電力が海外から購入したLNG（液化天然ガス）の代金支払いのために円を売り米ドルを買ったり。さまざまなプレーヤーが、さまざまな思惑で取引しています。

こうしたフローの持ち込んだ注文が、為替市場を動かすことがよくあります。個人投資家にはなかなかフローは見えにくいのですが、GI24などを見ていると、注目すべきフローがよく紹介されています。どれも注目していきたいものではあるのですが、**中長期的なポジションを取る際にはリアルマネー系の動き**が参考になります。

年金基金や投資信託などの取引がそれにあたり、彼らはヘッジファンドのように大きなレバレッジをかけたりすることはしませんが、運用資金が非常に大きいのです。

また頻繁にポジションを動かすことは少なく、そんな彼らが動くときはメイントレンドが明確になったときなので、その動向を見るとこれからの為替市場の動きが読めるわけです。

ちなみに「世界最大の機関投資家」と呼ばれる、リアルマネーの大物が日本にいます。厚生年金や国民年金の運用機関である、「GPIF」――年金積立金管理運用独立行政法人です。その運用額は110兆円。1％動かしただけで1兆円ですから、非常に大きなインパクトがあります。ノルウェーの政府年金基金やオランダの公務員総合年金基金も大きな存在ですが、運用額はGPIFの半分にも届きません。

ただ僕らのような短期筋から見れば、彼らのスタンスは非常にのんびりしていて、ポートフォリオの配分比率を会議で決めて、大枠が決まってから具体的な投資先の選定へと入ります。とても日本的な時間のかかる進め方で、トレンド初期にGPIFが動くことはありません。

しかし、世界から一挙手一投足が注目される彼らがひとたび動き出せば、我も我もと海外勢がコバンザメのように追随することがあります。

[図4] 為替市場の主なプレーヤー

種別	特徴	注目度
リアルマネー	年金基金や投資信託、生保会社など。長期的な視野で巨額の資金を動かす	◎
マクロ系ファンド	各国の金融政策などを見ながら、中期的な視野で収益を狙うヘッジファンド	○
ソブリンファンド	政府が出資するファンド。中東系や中国などは投機的な動きも多い	○
短期投機筋	短期的な収益を狙って取引するヘッジファンド。市場の撹乱要因となりやすい	△
モデル系ファンド	高度なテクニカル分析をもとに、短期で取引するタイプのヘッジファンド	△
個人投資家	FXの普及により市場シェアを高めつつあり、新たなプレーヤーとして注目される	○
オプション	オプション取引が為替市場に及ぼす影響は非常に大きい。オプションの節目に注目	◎
先物・デリバティブ	シカゴの為替取引市場「IMM」など。そのポジションの偏りは指標として利用価値大	◎

当たり前のことですが、ＧＰＩＦの情報は日経新聞や日経ヴェリタスなど日本のメディアがいち早く報じます。海外勢に比べ日本人である我々は、ＧＰＩＦの情報により近いところにいる強みがあるわけです。ＧＰＩＦなどリアルマネーが動きだしたときは、メイントレンドが本格化する兆しです。

金利の〝コンセンサス〟を探る

ＦＸが取引対象とするのは為替市場ですが、為替を取引する以上、意識せざるを得ないのが「金利」と「株」です。

今でこそ日米欧ともに超低金利政策で、政策金利よりも非伝統的緩和策の導入などに代表される金融政策の内容が注目されていますが、主要国の金融緩和が終わり「通常営業」へと戻れば、政策金利の引き上げ・引き下げの見通しが為替市場の大きな材料となるでしょう。

政策金利に対する考え方はシンプルで、**「金利の上がりそうな国は買われる・金利の下がりそうな国は売られる」**ということになります。ここで大切なのは、実際の金利の上げ下げよりも、将来の金利見通しが材料になりやすいということです。

僕らのような短期トレーダーはともかく、中長期的な資金は「低金利な国から高金利な国へ」と流れるのが基本です。短期取引が中心の僕であっても、金利がこれから下がりそうな通貨を買いたいとは思いませんし、金利の見通しが弱気な通貨は為替市場でも売られがちになります。

金利の見通しは、実際の政策金利以上に頻繁に変わります。ＧＤＰやインフレ率などの経済指標や要人発言などによって、「次回の中銀会合では金利が上がりそうだ」「いや金利を下げるだろうが、下げ幅は0・25%ではなく0・5%になるかもしれない」といったような**「上がるか・下がるか・据え置きか」の見通し**だけでなく、**「上げ幅・下げ幅」の見通し**も変わっていきます。その変化に、為替市場は敏感に反応するわけです。

ちなみに金利では「bp」という単位がよく使われます。「ベーシス・ポイント」の頭文字で1bpは0・01%ですから、「0・5%下がるかもしれない」というときは「50bp下がるかもしれない」と言ったりします。

「政策金利と為替」について最近の事例でご紹介しましょう。材料は豪ドルです。オーストラリアの中央銀行（RBA）は、2012年を通じてもずっと金利を引き下げていました。

年初は4・25%あった金利が年末には3%になりました。個人的に豪ドルはよく取引する通貨ではあるのですが、こうした金利引き下げ局

[図5] 金利の〝見通し〟に注目する

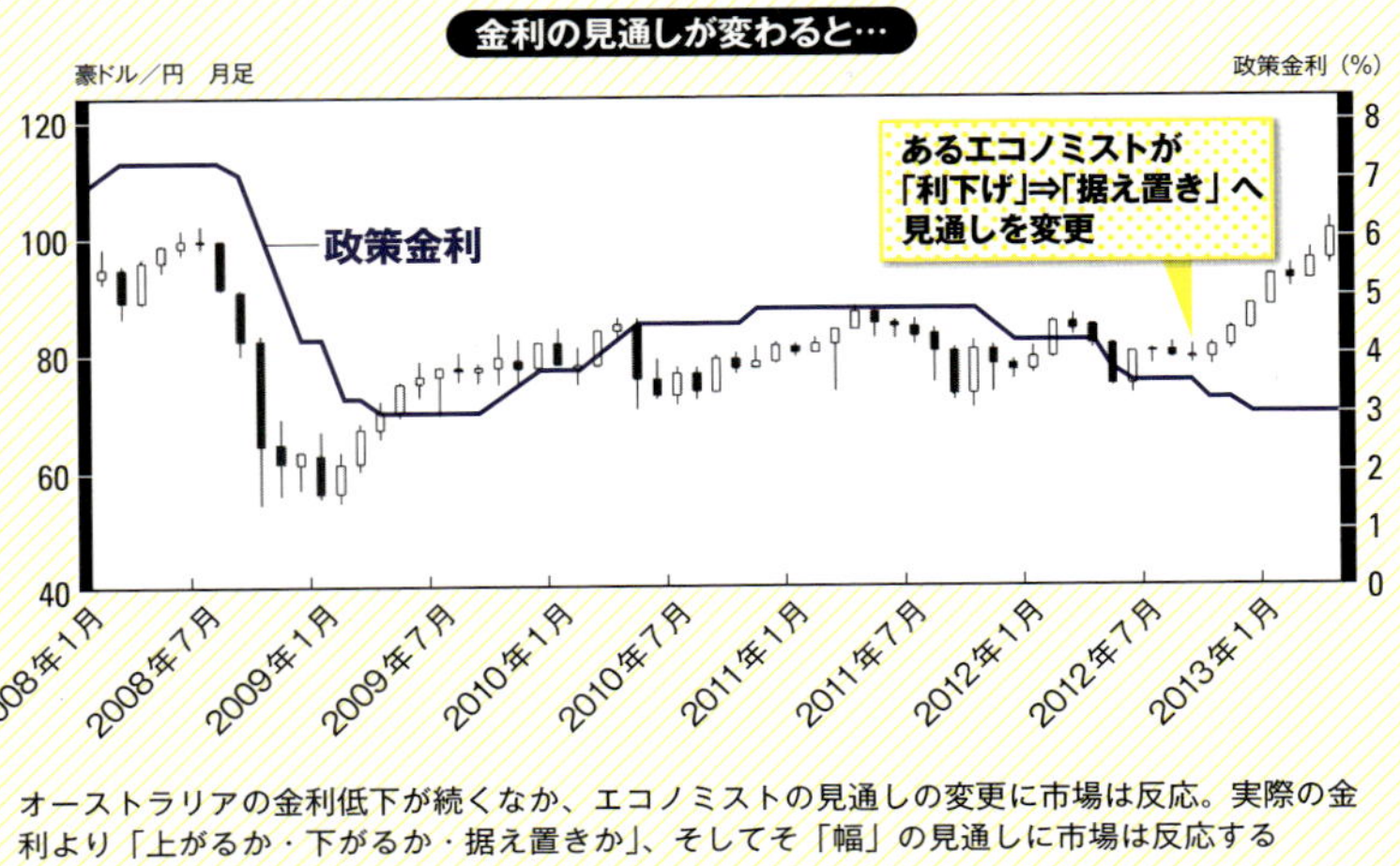

オーストラリアの金利低下が続くなか、エコノミストの見通しの変更に市場は反応。実際の金利より「上がるか・下がるか・据え置きか」、そしてその「幅」の見通しに市場は反応する

面では買いから入る意欲が薄れ、むしろ「どこで売ろうか」という目線が中心となります。

ところが11月に発表された消費者物価指数が堅調だったことから、インフレ懸念が台頭。それまで市場のコンセンサスとなっていた、豪ドルの追加利下げ観測が急速にしぼみます。

強烈なインパクトとなったのは、「次回RBAで0・5％の利下げ」を予想していたあるエコノミストが、「据え置き」へと見通しを変更したことでした。

これにより、実際には「据え置き（変更なし）」であるにもかかわらず、市場の目線は「利下げの可能性なし」「次は利上げかもしれない」と上向きへと変わり、実際、市場もこのとき急上昇しました（図5）。

金利に限らず、こうした見通し、大方の市場関係者が「こうなるだろう」と一致した意見は「コンセンサス」と呼ばれます。

金利の〝コンセンサス〟は先物市場で

CyberAgent FX　GlobalInfo24

日時	2013年04月12日 07時55分
カテゴリ	市況等
タイトル	【フェデラルファンド（FF）レート予想織り込み度】

ニュース

次回（5月1日）FOMCでのFFレート予想織り込み度

	4月11日	4月10日
0.00%：25bp引下げ	48.0%	48.0%
0.25%：据え置き	52.0%	52.0%
0.50%：25bp引上げ	0.0%	0.0%

次回（6月19日）FOMCでのFFレート予想織り込み度

	4月11日	4月10日
0.00%：25bp引下げ	48.0%	48.0%
0.25%：据え置き	52.0%	52.0%
0.50%：25bp引上げ	0.0%	0.0%

＊FFレート先物価格に基づき算出したものによる

情報提供元：グローバル・インフォ株式会社
グローバルインフォ株式会社より提供している情報（以下「情報」といいます。）は、情報提供を目的とするものであり、特定通貨の売買や、投資判断ならびに外国為替証拠金取引その他金融商品の投資勧誘を目的としたものではありません。投資に関する最終決定はあくまでお客様ご自身の判断と責任において行って下さい。情報の内容につきましては、（株）サイバーエージェントFXが正確性、確実性を保証するものではありません。また、予告なしに内容を変更することがありますのでご注意下さい。商用目的で情報の内容を第三者へ提供、再配信を行うこと、独自に加工すること、複写もしくは加工したものを第三者に譲渡または使用させることは出来ません。情報の内容によって生じた如何なる損害についても、（株）サイバーエージェントFXは一切の責任を負いません。

閉じる

金利の見通しについて「どこまで市場が織り込んでいるのか？」は、FXニュースなどが情報を出している。織り込まれていなかった、つまり「コンセンサス」が取れてない結果となったときは要注意何がコンセンサスになっているのか、その勘どころをつかむのは、最初のうちはなかなか難しいかと思いますが、先ほど紹介したような欧米の投資家が日常的に目を通すメディアが大きなヒントになるでしょう。

金利についてのコンセンサスであれば、先物市場が非常に参考になります。ＯＩＳ（オーバーナイト・インデックス・スワップ）と呼ばれる金利先物市場があり、その動向が市場関係者のコンセンサスを示してくれます。個人投資家がＯＩＳにアクセスするのは難しいのですが、ＧＩ24のようなＦＸニュースでは、中央銀行の会合前に「予想織り込み度」として紹介されています。

こうした「予想織り込み度」はのちに紹介する「セル・ザ・ファクト」を利用したトレードにも非常に役立ちます。**市場参加者が金利の先行きをどう見ているかは、通貨の動向を占うのに非常に大切な要素**です。

米国株でみる「リスクオン／リスクオフ」

金利とともに見逃せないのが株式市場です。僕も株式市場の動向は欠かさず見ています。為替市場に大きな影響を与えるためです。

為替市場でとくに材料となるニュースや経済指標の発表がないのに市場が動いているとき、往々にして株式市場に答えがあります。

例えば、２０１３年3月6日の日本時間深夜、米ドル／円は2週間ぶりに94円台を回復しましたが、為替市場に特段の材料はありませんでした。ところが米国株式市場はダウ平均が史上最高値を更新するなど非常に好調でした。米国株の上昇が日経平均先物の上昇を誘い、さらに為替市場へと波及して94円超えとなったのです。

こうした解説は「あとづけ」のように聞こえるかもしれませんが、米国株式市場の動向を注視しておくことで、「市場参加者の心理」を推し量ることができます。

米国株が上昇していれば、世界中の投資家は積極的にリスクを取りにいきます。**株や原油、それに高金利通貨や新興国通貨といった、いわゆる「リスクアセット」が買われやすくなります。「リスクオン」の状態**です。米ドル／円の上昇を狙って短期で取引するならば、米国株が堅調なリスクオンの日のほうが効率はよいでしょう。

一方で、**米国株が不調だと「リスクオフ」**となり、投資家は弱気になりリスクオンで買われやすかったリスクアセットは売られやすくなり、**安全性の高いドイツ国債や米国債、それに日本国債などが買われやすくなります。**以前はリスクオフで買われる通貨の代表格が円でしたが、2012年末からの円安相場以降、傾向が変わってきたようです。

リスクオン／リスクオフという単語は、相場の解説に便利なため使われることが多いのですが、リスクオンで買われる通貨とリスクオフで買われる通貨は、状況により変わっていくものです。あまり、「リスクオン／オフの公式」にこだわりすぎないほうがいいでしょう。

とはいえ、米ドル／円を買っては売り、買っては売りを繰り返す、いわゆるロング回転させた短期取引なら、米国株が堅調なリスクオンの日のほうが効率はいいでしょうし、逆に米国株が不調な日はショートに切り替えたり、米国株式市場の動きを見て「その日のムード」を知っておくことに損はありません。

メイントレンド進行後は「IMM」に要注意

為替市場で数少ない出来高に関する指標が「IMM」、シカゴ通貨先物ポジションです。シカゴのマーカンタイル取引所（CME）では「通貨先物」が取引されており、取引所には毎週金曜日にポジション状況を当局へ報告するよう義務づけられています。週1回の公表なので速報性に欠けるのですが、そのポジション状況は「IMM」と呼ばれ、市場参加者がどのような取引を行っているのか、重要なヒントを与えてくれます。

IMMの参加者は「シカゴ筋」と称されるなど、短期投機筋の代表格ともなっています。気をつけてほしいのは、IMMで取引されているのは「通貨ペア」ではなく「通貨」だということ。売ったり買ったりされるのは米ドル／円ではなく米ドルという銘柄であり、円という銘柄です。

このIMMの使い方ですが、僕は普段はさほど意識することはありません。**IMMが気になり始めるのは、メイントレンドがある程度進行してから**です。

債務危機のなかでのユーロ下落であれば、市場参加者は当然のことですが、ユーロ売りへとポジションを取っていきます。シカゴ筋とてそれは同様です。だんだんと売り建ての残高が膨らんでいき、やがてニュースなどで「ユーロ売りポジション史上最高水準」などと報じられるようになります。

メイントレンドの方向にポジションが積み上がると、こうしたニュースが出てきて、いったん反転する可能性が高まります。これを「ショートスクイーズ」と呼びますが、現在の売り手は将来の買い手となる、つまり今、売りで持っているポジションはいずれ買い戻されるという動きです。

売りポジションがゆるやかに解消されていけばいいのですが、売りポジションが一斉に決済（なかには損切りも）されると買い注文が殺到することとなり、一気に上昇の動きとなります（図6）。しかも損切りの場合、投資家は自分に不利なレートでも約定させにいきますから、急騰しやすくなり、ショートが搾り出される、ショートスクイーズとなります。

このような動きを予測するためには**「ストップ（損切り注文）がどこにあるか」を意識すること**が非常に大切です。大量のストップが一斉に発動すると、市場は短時間で大きく動きやすいためです。

市場は往々にして、こうしたスクイーズを起こしがちです。メイントレンドへの動きが強いときほど、トレンド方向のポジションが積み上がり、その反対方向におかれたストップがある特定レベルに集まっていると、こうした決済や損切りによる巻き戻しのカウンターの動きも起きやすくなるのです。

メイントレンドが進行しているときは、「過去最高」「〇年来最高」を毎週のように更新していくことがよくあります。のちほど説明しますが、オシレータ系テクニカルがトレンドの途中、天底に張りつくのと似たようなイメージです。

ＩＭＭポジションの状況はインターネットですぐに見ることができます。毎週発表される数字を追いかける必要はないと思いますが、ＦＸニュースなどで**「過去最高」「〇年ぶりの高水準」といったヘッドラインが出てきたら要注意**です。

メイントレンドが進行したらIMMをチェック

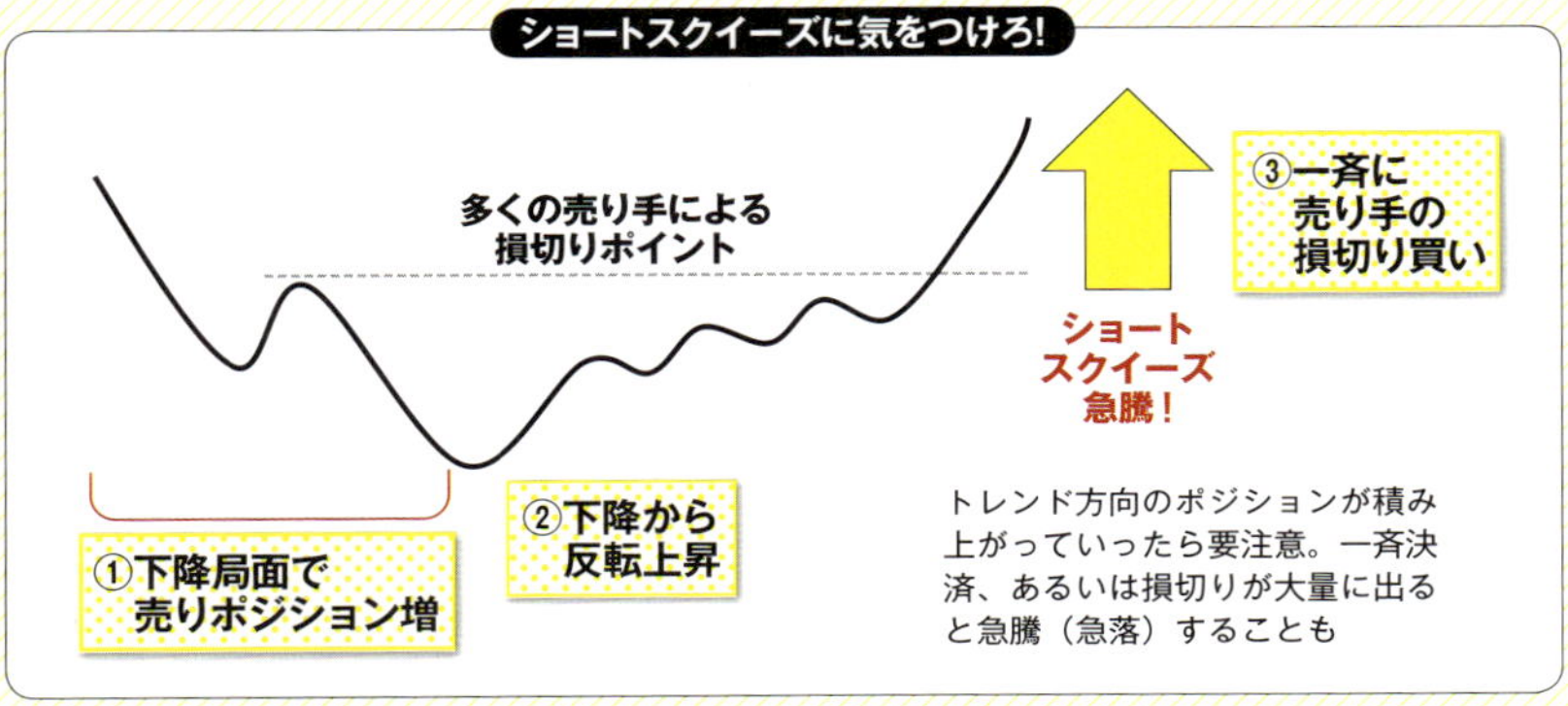

【図6】

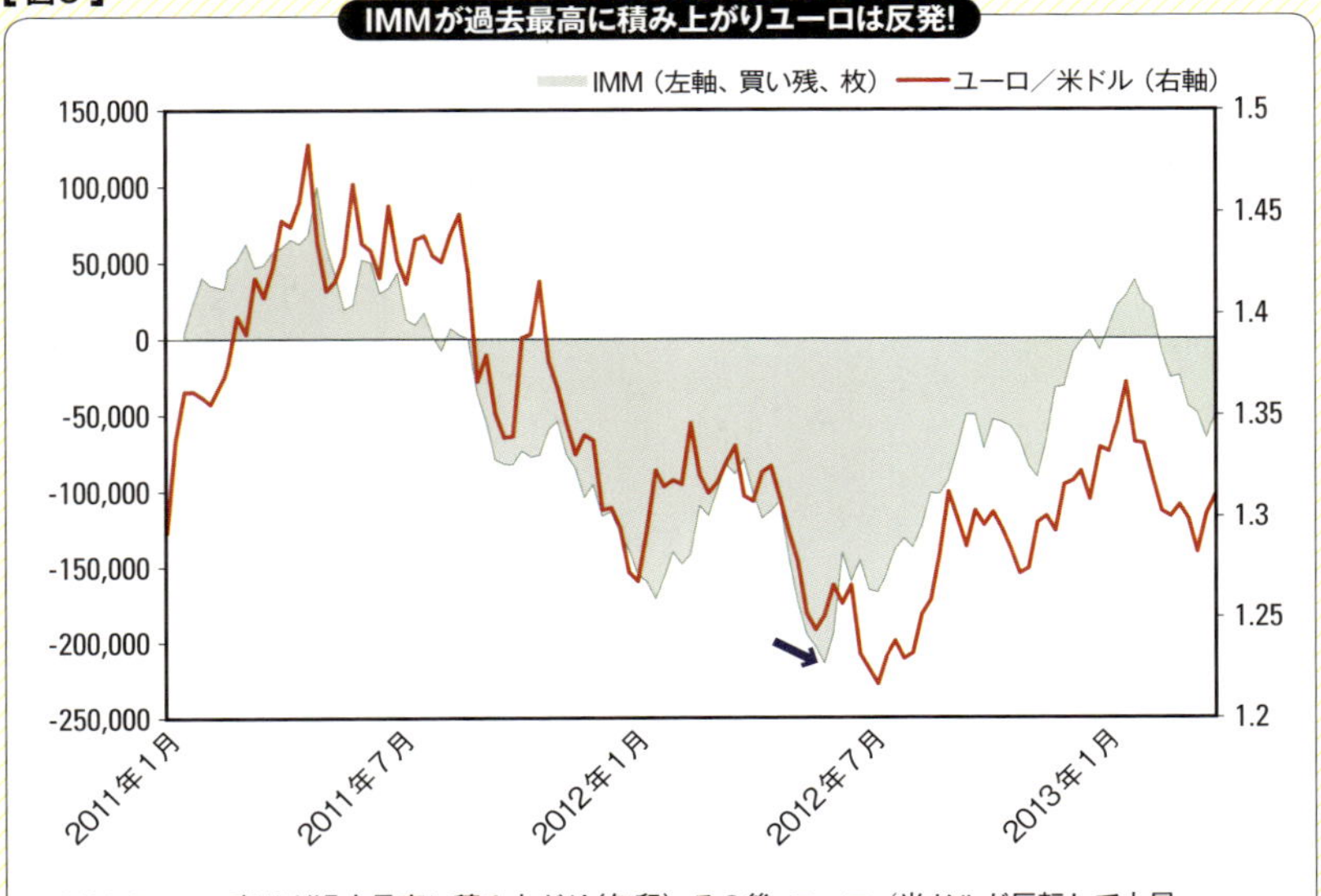

IMMのユーロ売りが過去最高に積み上がり（矢印）、その後、ユーロ／米ドルが反転して上昇。積み上がったポジションが一斉に買い戻されるときは、急騰しやすいので要注意だ

“ Buy the Rumor, Sell the Fact. ”

Chapter 3
セル・ザ・ファクトとオプションの壁

Chapter 3 ファンダ分析をトレードに活かす

セル・ザ・ファクトとオプションの壁

前章でお話ししたように、ファンダメンタルズ分析は市場のトレンドの変化や節目、方向性をつかむのに非常に有効です。そして同時に、直接的に取引のチャンスを教えてくれることもあります。

ファンダメンタルズに従ってトレードする際、念頭に置いてもらいたいのはこれまでにもお話ししてきた「バイ・ザ・ルーモア／セル・ザ・ファクト（Buy the Rumor,Sell the Fact）——「噂で買って事実で売る」ということです。とくに意識するのは、「セル・ザ・ファクト」。皆さんもぜひ、この考え方を身につけていただきたいと思っています。

ファンダメンタルズの素材となるのは、国際会議や中央銀行の政策金利発表、あるいは国政選挙、経済指標などです。こうしたイベントに対して、為替市場はイベントの結果に対する推測を織り込んで、先に先にと動いていきます。「期待」は為替市場の大きな原動力のひとつです。

イベントの結果がどうなるのかを正確に当てることはできませんが、市場がどの程度〝期待〟しているのかは、値動きから推測できます。特段の材料がないのに上昇していたり、あるいは底堅い動きが見られたら、次のイベントが好結果になることを織り込んで買われているのでは、と考えられるわけです。

「期待」で動いていた相場は、実際に結果が出るとまた別の反応を起こします。

結果が「期待以上」であれば買われ、「期待以下」ならば売られるのは、想像しやすいと思います。が、

相場は〝期待〟で動く

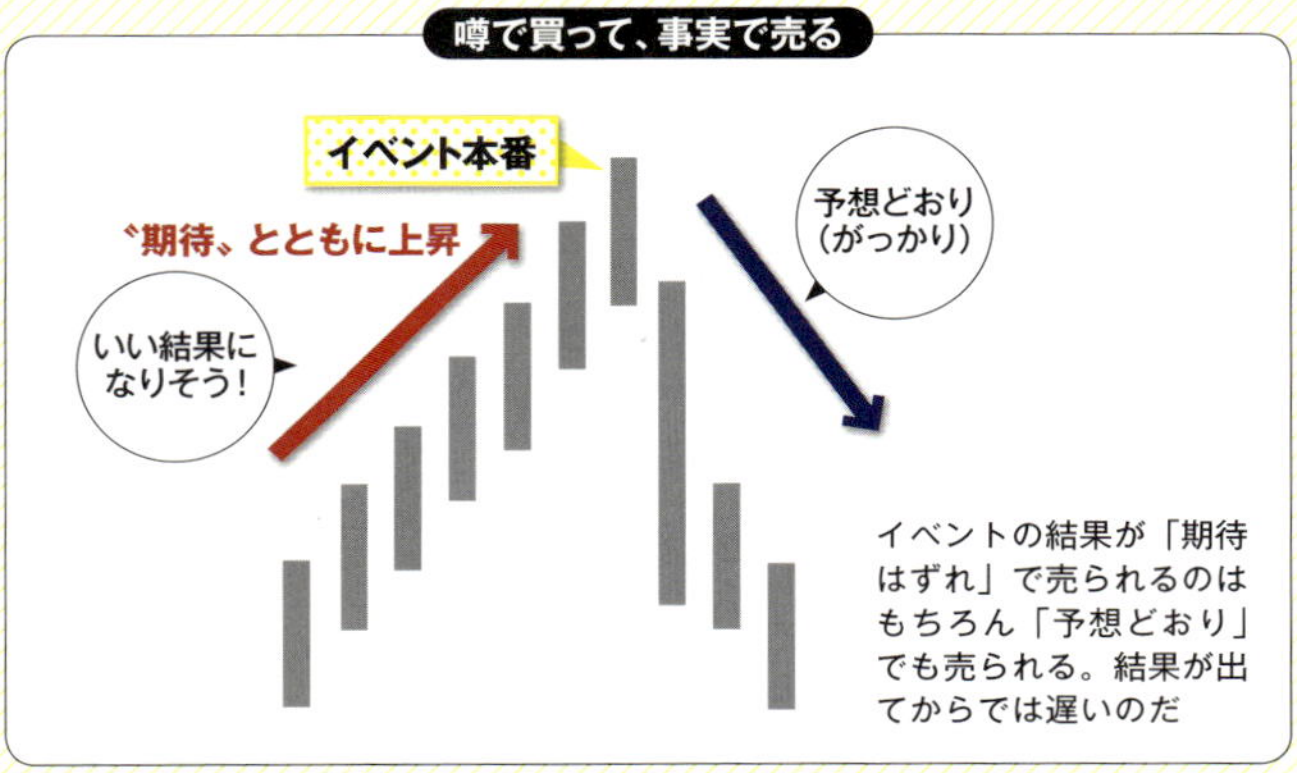

【図1】　セル・ザ・ファクト事例①　2011年4月7日ECB理事会

金利引き上げが噂され、ECB当日に向けてユーロ／米ドルは上昇。実際、政策金利25bpの引き上げとなったのだが、マーケットの予想どおりの結果でサプライズはなし。そのため、発表後は、利益確定の売りが一斉に出てユーロ／米ドルは50pipsも下げた

「期待並み」の結果だったときも売られやすくなるのです。期待並みの結果は、すでに市場に織り込まれていますから、それ以上買われる要因にはならず、むしろ「ここで利益確定しておこう」と利益確定売りが進み、反落の材料となるわけです。

これが、「噂で買って事実で売る」です。これを知っておくと、ファンダメンタルズの情報を取引に直接的に役立てられるようになります。

いくつかの実例を、過去のトレードから見ていきましょう。

金利発表で起こる「セル・ザ・ファクト」

「セル・ザ・ファクト」のわかりやすい例が「金利」です。金利が上昇する通貨は買われやすくなりますから、「次の中央銀行会合で金利の引き上げがありそうだ」となると、為替市場はその通貨を買っていきます。

少し古いチャートですが、2011年4月のECB理事会前後のユーロ/米ドルの動きで説明してみましょう（図1）。リーマンショック後、金利を引き下げたECBですが、2009年5月以降は1%のまま、2年近く据え置いてきました。そんなユーロでしたが、「次の理事会で金利を引き上げるのでは」との期待が高まるなか、2011年4月の金利発表を迎えます。

理事会前日からユーロ/米ドルはじり高に推移し、節目と見られていた1・4300を3か月ぶりに突破します。まだ金利引き上げが発表されていないのに、です。それだけ市場は金利上昇を期待し、織り込んでいたということになります。

ＥＣＢの前、僕はメルマガにこう書いていました。「政策金利が25bp引き上げられることは、織り込み済み」。ＥＣＢ理事会が終わり発表されたのは、「期待どおり」の０・25％の利上げでした。僕に先見の明があったわけではなく、マーケット全体の総意が０・25％の利上げだったのです。

この発表を受けてユーロがどう動いたかというと、50ｐｉｐｓほどの下落です。何の驚きもない予想どおりの結果だったため、事前に買っていた参加者が利益確定の売りに動いたためです。「セル・ザ・ファクト」の典型的な動きでした。

雇用統計で起こる「セル・ザ・ファクト」

「セル・ザ・ファクト」は政策金利の発表で起こりやすいのですが、それ以外のイベントでもよく起こります。

２０１３年1月の雇用統計発表もそうでした。雇用統計の結果自体は予想を上回る強い数字だったのですが、発表直後に米ドル／円は70銭ほど急落します。「今回の雇用統計はいい結果が出るだろう」と、事前に「期待」で買われていたためです。

雇用統計には先行指標があります。雇用統計発表の2日前に発表される「ＡＤＰ全米雇用報告」です。給与計算などを代行する民間企業であるＡＤＰ社が、自社のデータを使い、次回の雇用統計を予想するもので、1月3日に発表された12月のＡＤＰ全米雇用報告は「21万５０００人の増加」と翌々日の雇用統計の好結果を示唆するものでした。

ＡＤＰ全米雇用報告の結果がよかったため、本番の雇用統計でも「強い数字が出るだろう」と期待されて米ドル／円が買われたのですが、実際に発表されたのは「15万5000人増」。アナリストによる事前予想の「15万3000人」増よりはよかったのですが、ADP全米雇用報告が示すほどのいい結果ではなかったため「セル・ザ・ファクト」となったのです（図2）。

こうした**「セル・ザ・ファクト」による急落は、その後すぐに戻すことも多く、格好の押し目買いの機会**を与えてくれます。このときも円安相場まっただ中での急落でしたから、買い場を探す投資家にとっては絶好機となりました。

「期待」との差が相場を動かす

事前の期待が高いほど、「セル・ザ・ファクト」の動きも強くなります。

その典型となったのが、2012年8月2日のECB理事会でした。ギリシャ危機がスペイン、イタリアへと波及し、ユーロ崩壊が懸念さ

［図2］雇用統計での「セル・ザ・ファクト」

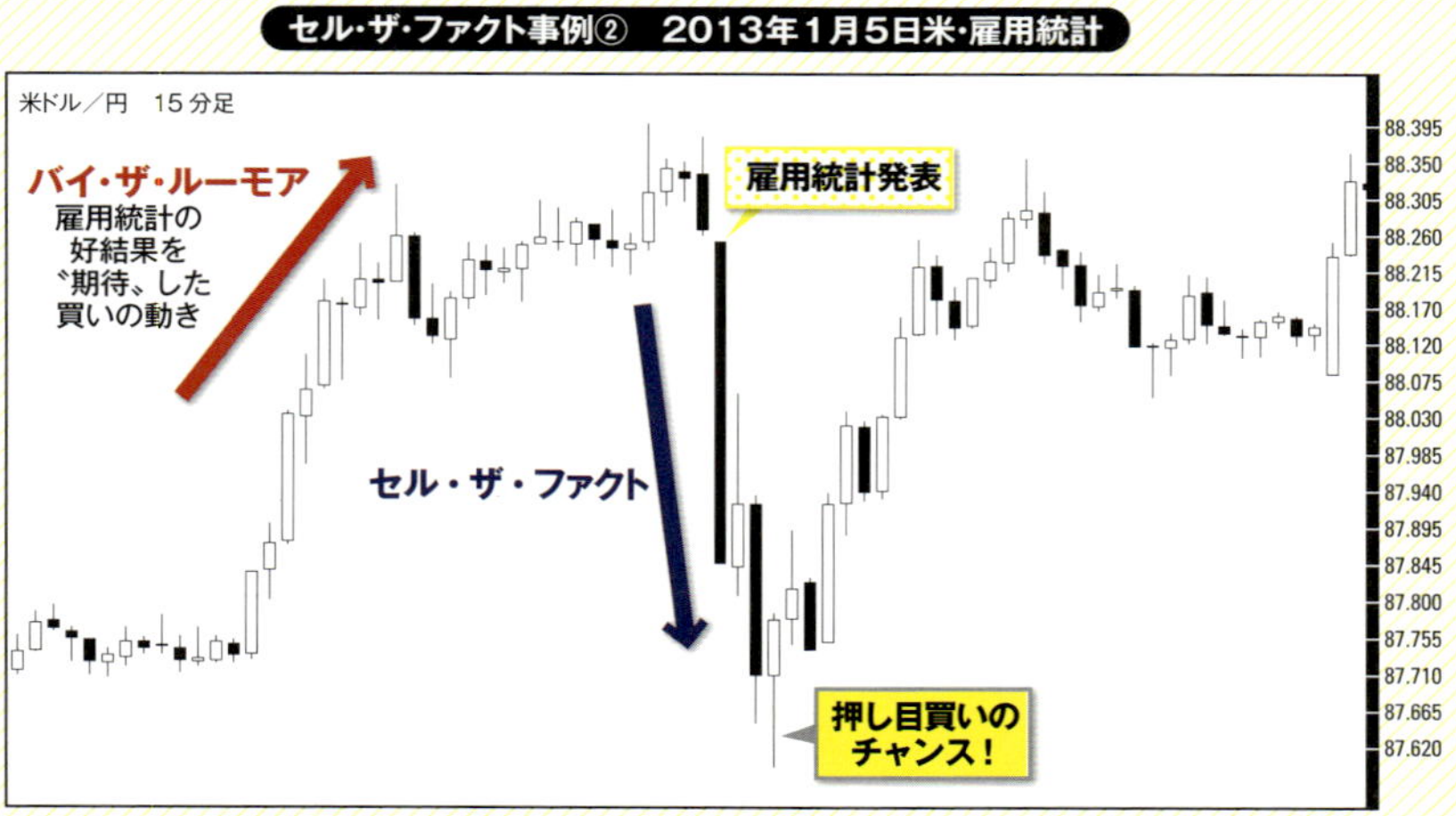

れるなかでのＥＣＢでした。

ＥＣＢの１週間ほど前、ドラギＥＣＢ総裁は講演中に「ＥＣＢはユーロを存続させるためにあらゆる手を尽くす」と非常に強い言葉を述べ、さらには「ビリーブ・ミー」とまで付け加えたため、ユーロへの期待感が俄然高まります。

「『ビリーブ・ミー』と言ったからにはすごいことがあるのだろう」と期待がみなぎるなかで迎えたＥＣＢですが、大した政策は発表されず、期待が大きく裏切られ、「セル・ザ・ファクト」となりました（図３）。

過熱ともいえるほどに期待感が高まっていましたから、このとき僕が立てた売買戦略は「会見後に反発したところで短期のショート」でした。

ちなみに、ドラギ総裁はその後、９月のＥＣＢで、新たな国債買い入れプログラム（ＯＭＴ）を発表。市場の期待以上の「バズーカ砲」を打ち出し、約束を履行しています。

［図3］期待が大きいほど「セル・ザ・ファクト」も強烈

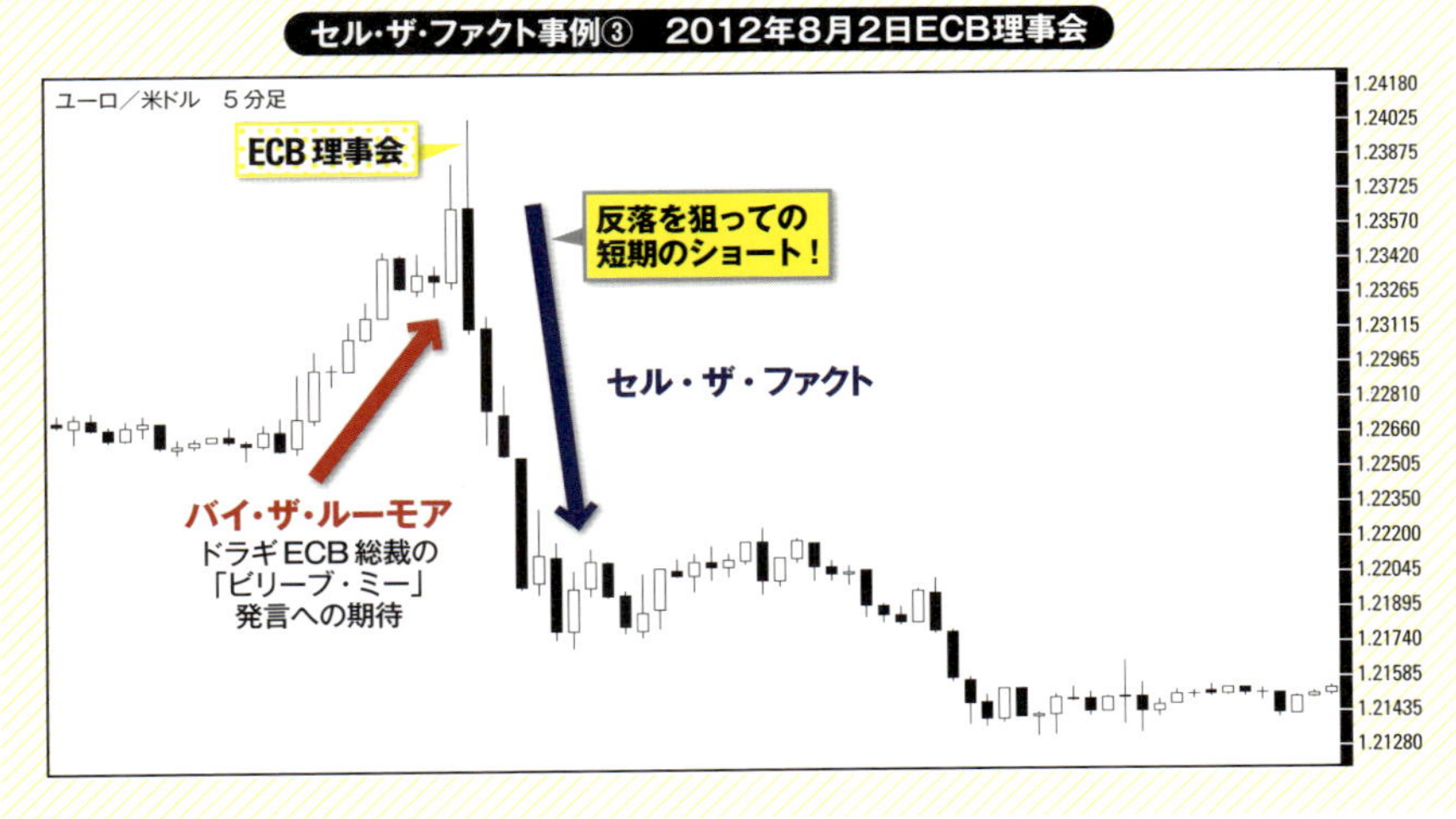

市場が待っているのは〝サプライズ〟

ドラギ総裁の「ビリーブ・ミー」発言は、期待をマックスまで高めながら、結果としてそれを裏切る落差で相場が動きました。それとは逆に、期待させないことでサプライズ感を演出し、「期待以上」との印象を与え、「セル・ザ・ファクト」とはならなかった中央銀行の会合があります。

黒田東彦日銀総裁が誕生して最初の、2013年4月4日の日本銀行政策決定会合です。黒田総裁になり「大胆な金融緩和を行う」との報道が繰り返しなされていました。事前に憶測報道が新聞に流れ、海外勢も年に一度あるかないかという大注目イベントとなりました。

会合直前のある取材で僕はこんなことを言っていました。

「すべての政策を4月の会合で発表するとは限らない。最初の会合で審議委員の意見をまとめるのは難しいし、7月には参議院選挙も控えているから次回以降に小出しにしていく可能性もある」と。

これは海外勢にも広く流布していた情報です。直前にこうした情報が流れ、「思ったほどの発表はないのでは？」との警戒感も広がり、米ドル／円は下げ始めてさえいました。しかし、実際に出たのは「打てる手はすべて打つ」という「異次元」のもので、米ドル／円は数十分で2円も跳ね上がりました（図4）。

もしも、事前に〝小出し説〟が流れておらず、期待感が過熱したままであれば、「セル・ザ・ファクト」になっていた可能性は高いと思います。僕は黒田総裁の意図的な演出だったと見ていますが、期待を押さえていたからこそのサプライズであり、円安が望ましい日銀にとって非常に効果的な発表となりました。

「セル・ザ・ファクト」トレード

「セル・ザ・ファクト」について、イメージがつかめてきたでしょうか。

初心者の方はイベントで「期待どおり」にいい結果が出たときに上昇すると考えてしまいがちですが、ほとんどの相場は結果を先取りして動いています。いわゆる「織り込み」です。

結果が相場にどの程度まで織り込まれているかを教えてくれるのが値動きやテクニカル分析であり、実際にどのような結果になるかを推理する材料を与えてくれるのがファンダメンタルズ分析です。

「セル・ザ・ファクト」の動きを頭に入れておくと、「いつが押し目買いや戻り売りのチャンスなのか」を測れるようにもなります。もちろん「セル・ザ・ファクト」による短期的な上げ下げを狙ってもかまいません。

[図4] 期待を薄めてサプライズを演出!

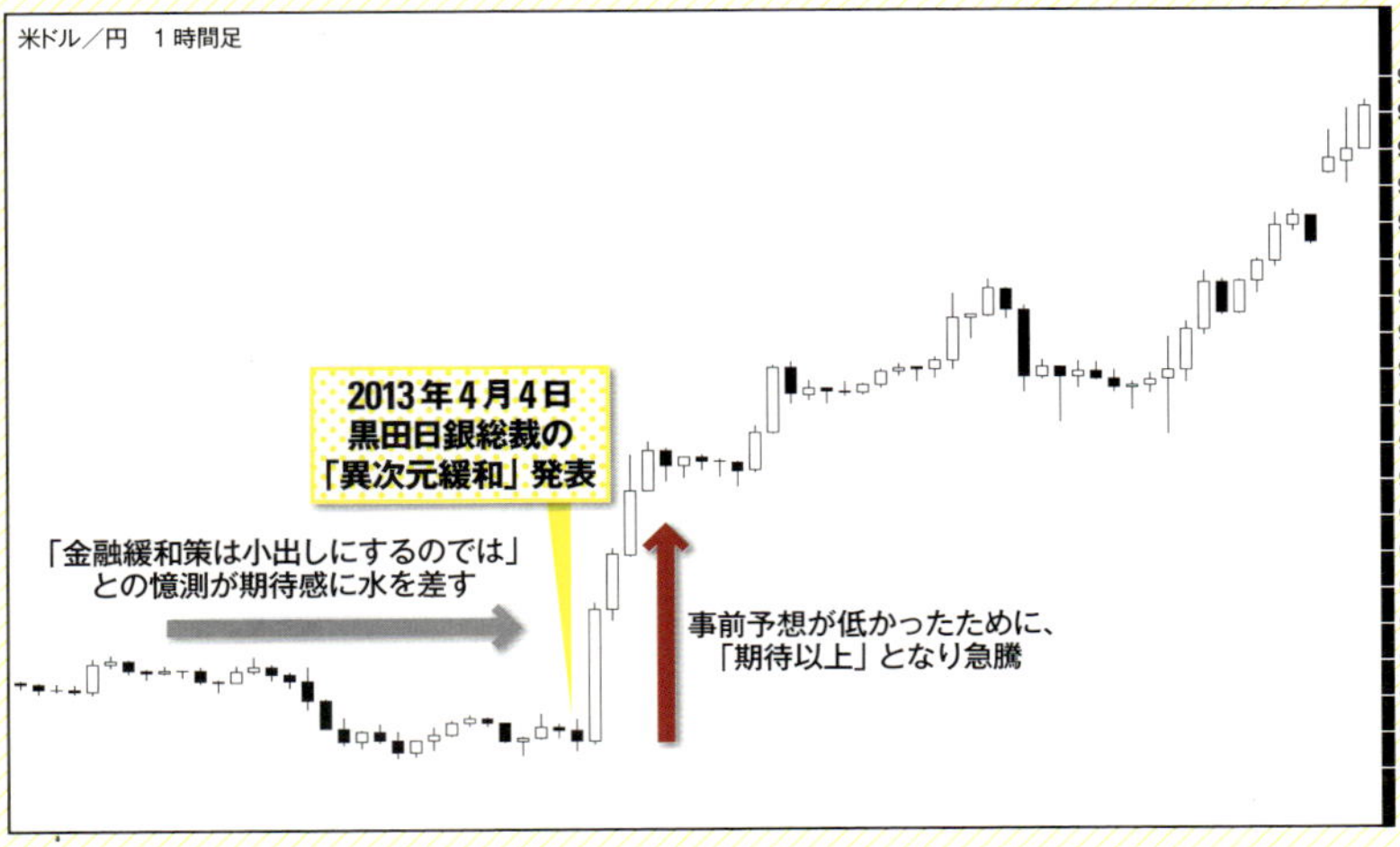

影響力が高まる「オプション」

ファンダメンタルズとは少し違うかもしれませんが、「チャートに表れない情報がトレードに直結する」という意味では、**「オプション」の動向を意識する**ことが近年では欠かせなくなっています。

この数年、日本でも個人投資家が取引できる為替オプション商品が登場していますが、銀行やヘッジファンドが取引しているオプションとは商品性がだいぶ異なります。また、その種類もさまざまで、ここでは詳述を避けますが、ひとつだけ覚えてほしいのが、「オプションのバリア」です。

そして、**「巨額のオプション・バリアが設定されたレートには到達しにくい」「巨額のオプション・バリアが設定されたレートを抜けると大きな動きになる可能性がある」**ということです。

実際のチャートで説明しましょう。図5は米ドル/円の4時間足チャートです。GI24などの為替専門ニュースで報じられていましたし、僕もメルマガや連載で何度も書いたのですが、このとき、1ドル83円に巨大なオプション・バリアが観測されていました。

この時期、非常に強い円安トレンドだったにもかかわらず、バリアに上昇を阻まれました。チャートの動きを見ると、「83円の壁」に3度トライしていずれも跳ね返されています。これをどう利用するか。

83円に厚い壁があるのであれば、その手前で売るのです。ただ、トレンドが上であることは明白ですから、あくまでも短期売買としてのショートで、損切りは83円よりも少し上です。「83円の壁」の10銭手前でショートし、「83円の壁」の10銭上に損切りを置いておけば、リスク幅は20銭。小さなリスクで50銭、100銭といった大きな値幅を狙うリスク/リターン効率のいいトレードができるわけです。

オプションの〝壁〟を利用したトレード

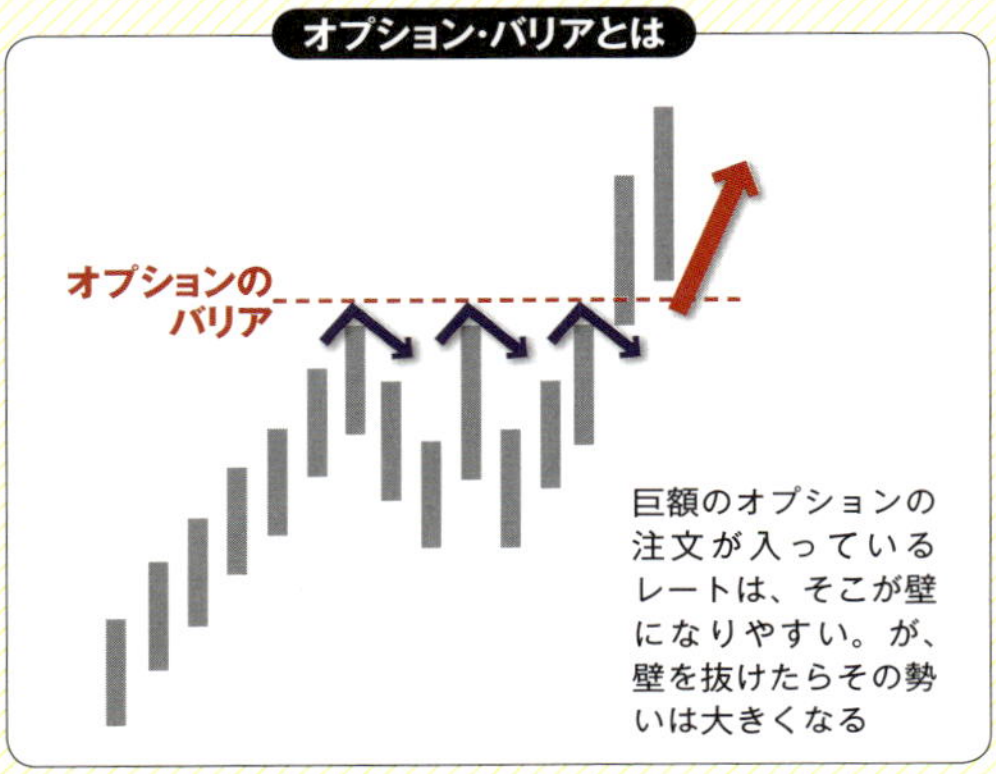

【図5】

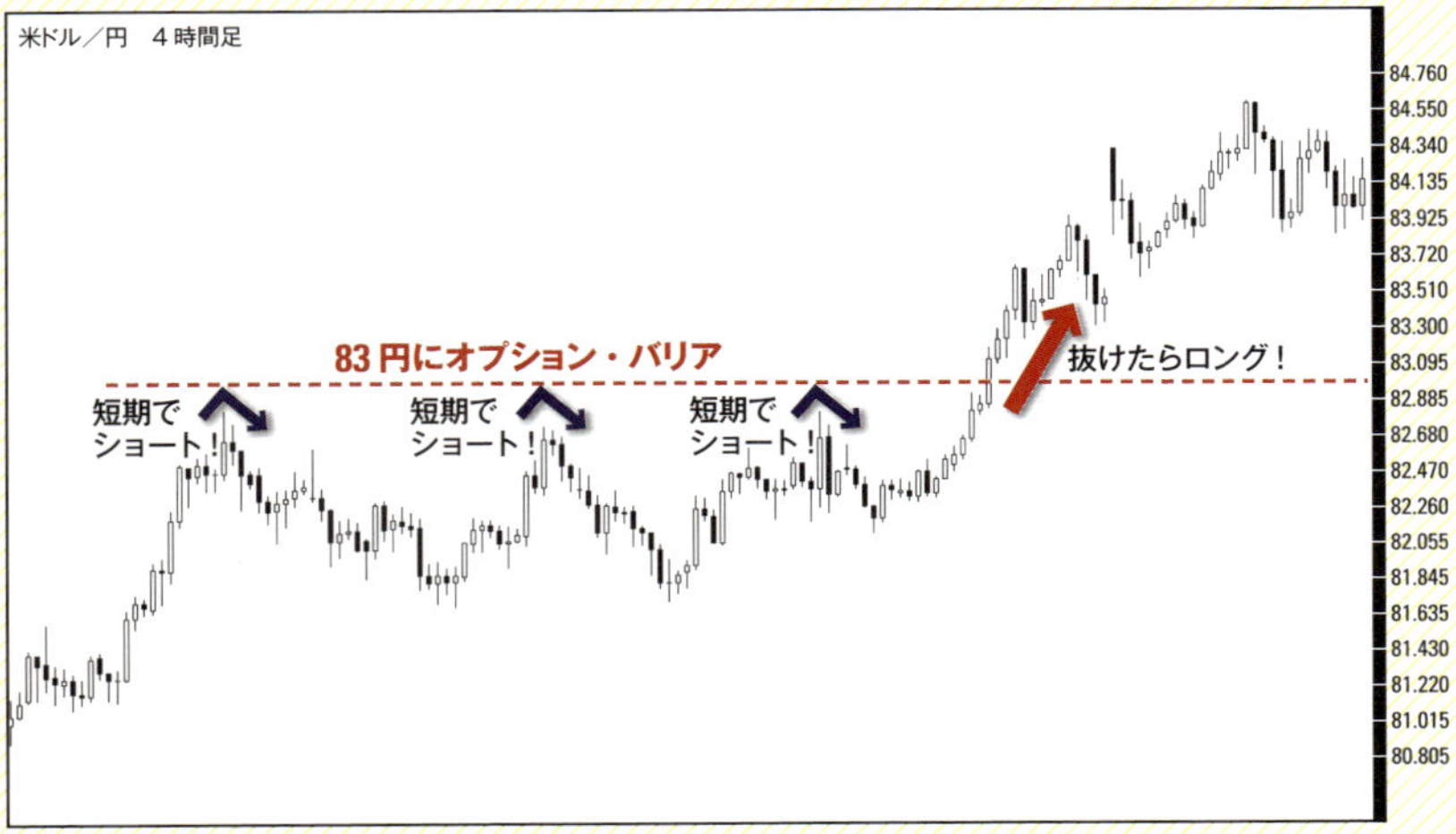

上昇トレンドながら、83円のオプション・バリアを抜けられない状況ならば、短期のトレードとして、83円の10銭手前でのショートを繰り返す。壁を抜けたら、その強い勢いにのって、今度はロングで利益を伸ばすという戦略が立てられる

オプション・バリアを抜けると大きく動く

前述したように、オプション・バリアは「到達しにくい」と同時に、もうひとつ「抜けると大きな動きになる」という性質があります。この「83円の壁」に対して、僕はこうも書いていました。「83円のバリアを突破できれば、円安の流れが加速し、2012年高値の84・18円を超える円安が現実的になるでしょう」

オプション・バリアの上下では、さまざまな攻防が行われています。少々専門的な話になりますが、例えば、顧客が行使価格（ストライクプライス）78円のドルコール・円プット、消滅価格（ノックアウト、あるいはバリア）が83円のオプションを購入したとします。満期日までに一度たりとも83円に到達しなければ、顧客は満期日に78円で米ドル／円を買うことができるというものです。

「米ドル／円は上昇見込みではあるが83円は大きな抵抗線となりそう」という相場観を具現化するため、また同じ行使価格のバニラ・オプション（消滅条件の付帯しないもの）と比べると当初の支払いプレミアム（オプション価格）が圧倒的に安いことから頻繁に利用されています。

為替のオプションは多くの場合、銀行や証券会社、ヘッジファンドなどが相対で取引するので、オプションの売り手（例えば銀行）と買い手（例えばヘッジファンド）で利益は相反します。オプションが成立すれば買い手は儲かるし、売り手は損をするといった具合です。それにともなってオプションにともなう為替市場でのカバー取引も正反対になります。

ここで注目されるのが、よく為替の分析で聞く、バリアの設定された価格に到達させまいとする、いわゆる「防戦買い・防戦売り」です。オプションの売り手である銀行サイドがオプション価格から計算されるポジションをカバーするために、バリアの手前で「売り」を持ち込むのですが、オプションの買い手である顧客が、銀行サイドが売り手に回ることを利用して、実際にバリアをつけさせないために理論値以上の売りを持ち込むことがあるため、一般的には防戦売りといわれています。

もし米ドル／円が83円以上に上昇したらこのオプションは消滅し、78円で米ドル／円を買えるはずだった顧客は損失を被るからです。

先ほどの例でいえば、「83円をつけさせないために、その手前で大量に売り注文を出す」といった動きが考えられ、そのためにバリア価格に達しづらいわけです。

ところが、防戦売りもむなしく、83円を超えてしまうと、今度は「83円は超えないだろう」と考えていた売り手の損切り買いが一斉に始まります。需給が一気に逆転するので、急騰しやすくなります。図5を見ても、「83円の壁」を抜けてから上昇が加速しているのがわかります。

こうした特徴を知っていれば、「83円の壁」の10銭上に新規の買いの逆指値を置いておく、といった戦略が立てられます。高値を買っていくのは怖いかもしれませんが、この場合はトレンド方向も上でしたから、積極的に買っていける場面です。

ただし、オプションでひとつ気をつけたいのが期限です。先ほどの83円のオプションであれば、真偽のほどはわかりませんが「12月半ばが期限」との情報があり、83円を突破したのは12月12日でした。

相場に多大な影響を及ぼす巨大なオプションの力も、行使期限を過ぎてしまうと、その時点で消滅してしまうので要注意です。

2つのオプション・バリア

もうひとつ、オプションを使ったトレード例をご紹介しましょう。

材料となるのは「ダブルノータッチ・オプション」と呼ばれるタイプのオプションです。

1ドル100円のときに「1ドル99円まで下げず、1ドル101円まで上昇もしなければ利益になる」といったような上と下、両方に価格が設定されたオプションです。「指定した一定のレンジ内に収まれば利益になる」オプションと言い換えてもいいでしょう。

この「ダブルノータッチ・オプション」を利用したトレードで、印象に残っているのが2013年1月初旬の米ドル／円です。

1ドル86円75銭と90円75銭の間に大きなダブルノータッチ・オプションが置かれているとの情報が為替専門ニュースでも流れ、僕は3つの戦略で売買しました（図6）。

もっともシンプルで利用しやすいのが、下の86円75銭に設定されたオプション・バリアです。もともとのトレンド方向は上なので、86円75銭近くまで落ちてきたところで買えば、トレンド方向とも合致し、下はオプション・バリアが守ってくれるので、効率のいいトレードができます。

それに、もし仮に、86円75銭のバリアを突破し下抜けしたとしても、トレンド方向のポジションなので、あわてて損切りしなくても、いずれ近いうちに戻るだろうと多少の含み損は我慢できます。

一方で、上の90円75銭近辺まで上がってきたときは、先ほどの「83円の壁」で紹介したのと同じ発想での短期ショート戦略です。ただ、トレンドと反対方向のポジションなので「十分に引きつけてから」

「ダブル・ノータッチ・オプション」での3つの戦略

【図6】

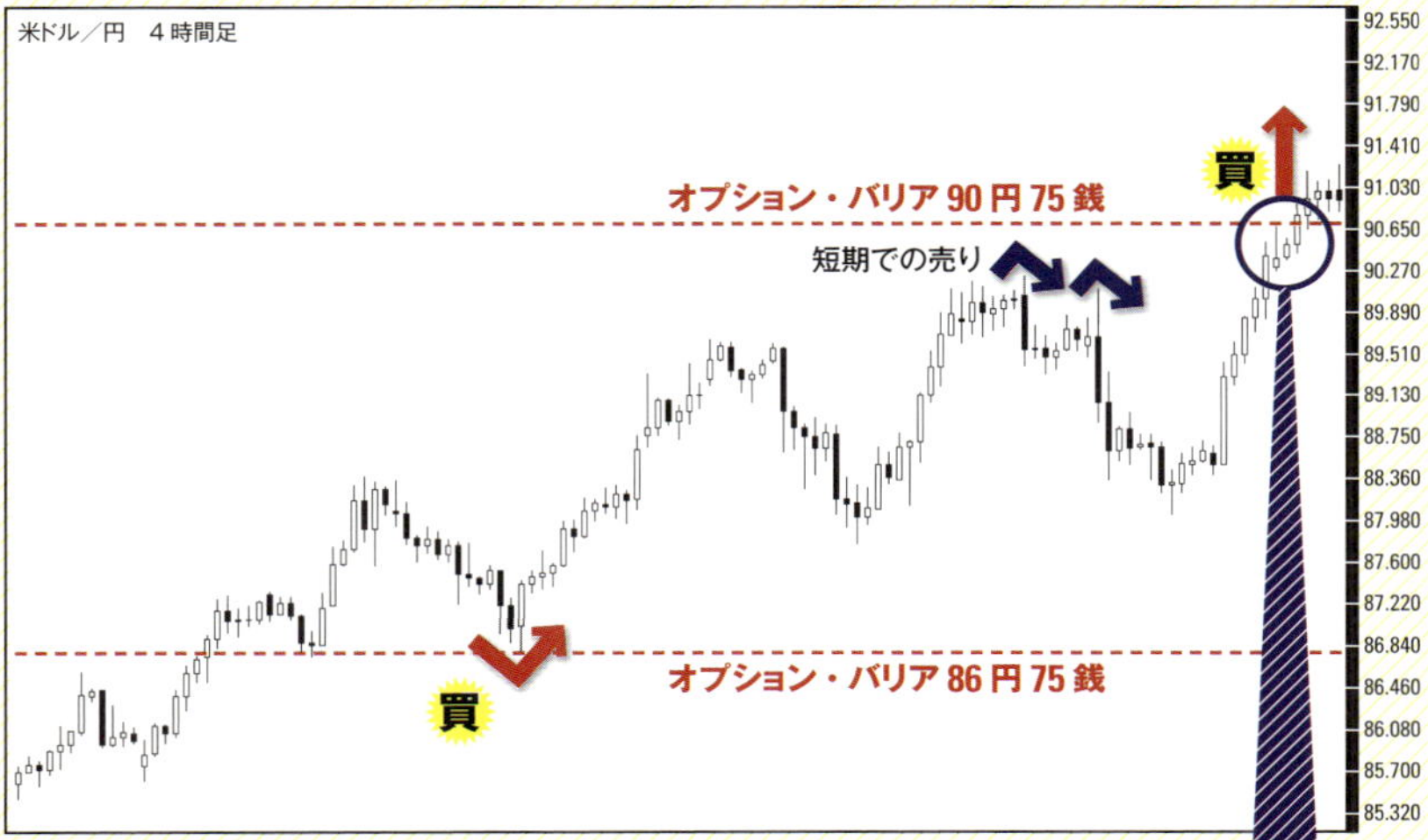

下のバリアに阻まれたらロングが第一戦略。次は上のバリアに跳ね返される動きをつかむ短期売買のショート。そして、上のバリアを抜けたらロング、と3つの戦略が立てられる

【図7】

と強く意識していました。

加えて、86円75銭のオプションで十分利益を上げている参加者は、トレンドと逆である90円75銭のオプションに対しては、それほど防戦売りをしてこない可能性もあると考えていました。

結果的には90円75銭はさほど時間をかけずに抜けたのですが、抜ける10時間ほど前、「ならでは」と思わせる攻防がありました。90円75銭手前での防戦売りです（図7）。90円70銭に並んだ大量の売りが上昇を阻み、90円69銭が高値となったのです。ただ押し目が非常に浅いため、トレンドと逆行したこのオプションは抜けると考え、抜ける手前で自分のポジションはロングに戻しました。

さらに3つ目の戦略は「オプション・バリア」を抜けると跳ねやすいという特徴を利用した、90円77銭での逆指値の買い注文でした。

オプションそのものを取引するのは高度な金融知識が必要で大変ですが、オプションを利用したFXでの戦略は難しいことはありません。オプションの存在感が為替市場で増している昨今では、とても有効です。

中央銀行や大口オーダーを味方にする

オプション・バリアを使っての、小さなリスクで大きなリターンを狙うという発想は、ほかにも応用ができます。

ＧＩ24では「インターバンクマーケットオーダー状況」として、銀行など大口の機関投資家がどこに注文を置いているか、情報を日々流してくれます。こうした情報をもとにして、**自分なりに分析したテ**

クニカルのポイントと一致するようなオーダーがあれば、そこを〝背にして〟売買を決めていくことができます。

また、ファンダメンタルズを意識していると、時として大きなチャンスもあります。スイス国立銀行(SNB)はユーロ危機のなかで過度の自国通貨高を食い止めるため、ユーロ/スイスフランの下限を1・20に設定しました。下限を設定するといっても、変動相場制ですから市場には1・20よりも下へといかせようとする力も働きます。

そうすると、SNBはどうするか? 相場に介入してユーロ/スイスフランを買いまくり、力業で防戦するわけです。この下限設定の話はマーケットで事前に流れていましたが、最初は僕も半信半疑でした。相場の流れに逆行する介入はうまくいかないことが多いからです。

ただし、このときはスイスのローカル銀行がユーロ/スイスフランを静かに買っているという噂もあり、SNBが介入する前にロングを仕込むことにしました(図8)。

いったん介入が入った後は、SNBは1・20以下には1pipsもいかせないという姿勢を見せます。つまり、ユーロ/スイスフランを1・20近くで買っておけば、SNBが味方についたようなもので、高い確率で勝てることになります。

もちろん、同じことは他の市場参加者も考えますから、売り手がいなくなり、ほとんど価格が動かなくなるのですが、稀に「SNBが下限を1・25に引き上げるのでは」といった噂が流れて跳ね上がり、また元に戻るといった動きを繰り返しています。

介入の可能性と僕自身がユーロ／スイスフランをロングにしたことは、メルマガで読者に配信しましたが、こうした動きはさすがに一般的な為替情報サービスには書いてありません。前章でご紹介した『ＦｏｒｅｘＬｉｖｅ』や『ＺｅｒｏＨｅｄｇｅ』などの、英語の為替専門ウェブサイトの記事を熟読する必要があります。

僕の場合は資金効率を第一に考えるのでなかなかできないのですが、数か月待てるのであれば１・20台で買って、あとは指値と逆指値だけを入れてほっておくといったこともできます。

同じような発想は日本銀行の介入でもできました。２０１２年の秋口であれば、「1ドル77円台で『口先介入』（市場介入を予期させる要人からの発言）、76円台で『実弾投入』（日銀による実際の介入）」というのが、市場のコンセンサスでした（図9）。ここから、「77円台は日銀・政府を味方にしての買い場」との戦略が立てられます。

このときは、ＱＥ３実施発表が予想されていた9月のＦＯＭＣによるドル安を狙い、77円15円に買いの指値をおいていました。ＱＥ３自体はドル安材料ですが、77円15銭より下にいけば口先介入で円高が食い止められるだろうと考えたわけです。

実際、77円台に入った9月に、「投機的な動きは明らかだ。断固たる措置を取るときは必ず取る」と当時の財務大臣からコメントが飛び出して反発します。当時はまだ民主党政権でした。その2か月後、衆議院解散、そして政権交代へと続いていくわけです。

中央銀行を背にした戦略

【図8】 スイス国立銀行を味方につける

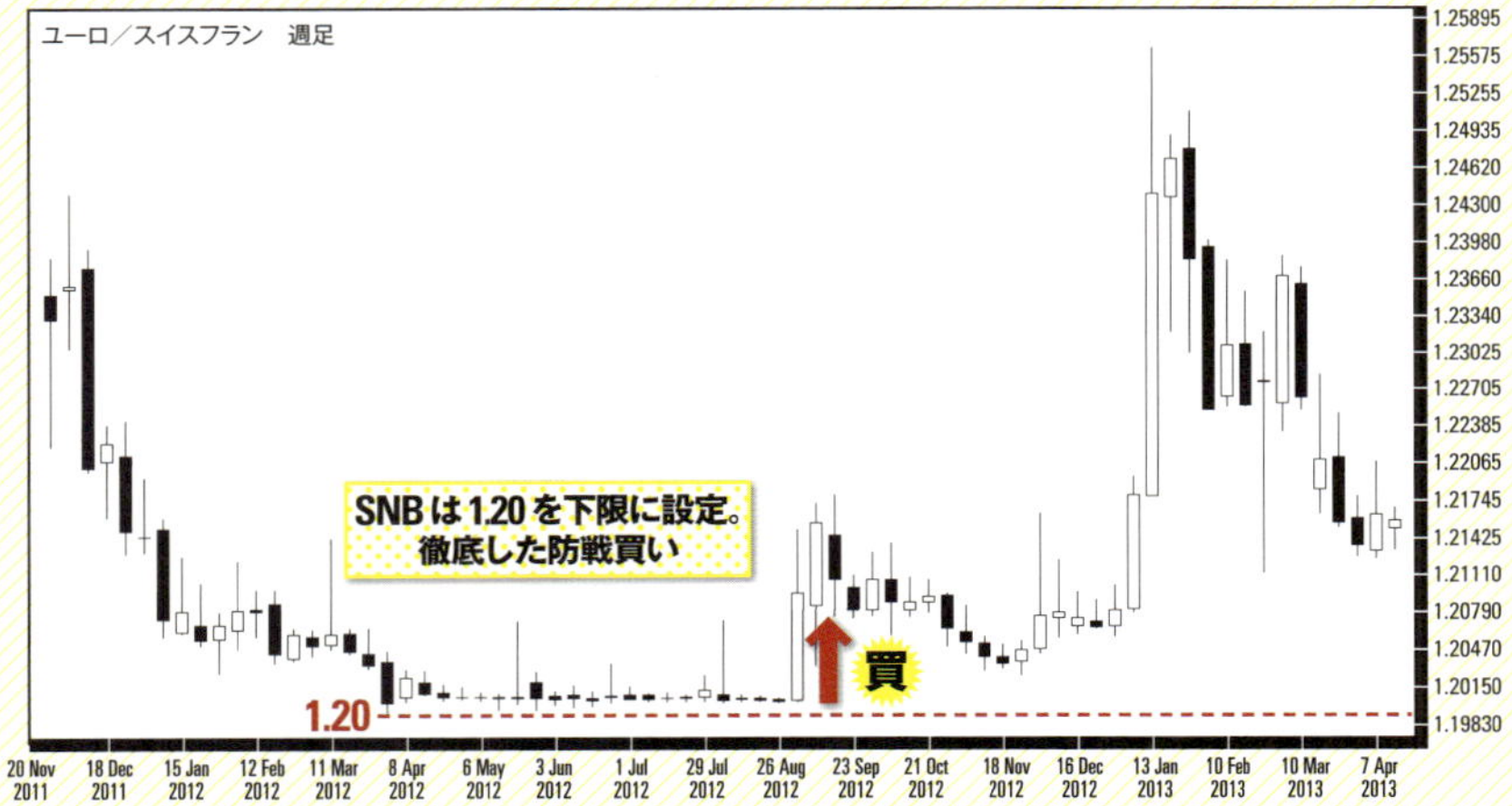

【図9】 日銀介入のコンセンサスを利用

大手銀行・ヘッジファンド・要人コメントの使い方

ファンダメンタルズの情報を見ていると、ときとして「モルガン・スタンレーが米ドル／円を90円で買い推奨。ストップは88円、ターゲットは１００円」、あるいは「クレディ・スイスはユーロ／スイスフランの見通しを3か月で１・39、１年で１・42に」といった情報を目にします。

モルガン・スタンレーやゴールドマン・サックス、ＵＢＳ、クレディ・スイス、シティバンクなどの金融機関は、顧客向けにこうした中長期的な売買推奨の情報を流すことがあります。

本来は顧客向けであり公にされているわけではないのですが、狭い業界ですので「どこそこの銀行がこんなレポートを出している」といった情報は口コミ（最近ではチャット）ですぐに広まります。

注目すべき情報があるときは、僕もメルマガに書いたりしますが、こうした売買推奨レポートを鵜呑みにし、そのままトレードすることはありません。というのも金融機関によって方向性がまったく違うこともありますし、ある時期はゴールドマン・サックスの推奨がよく当たり、次の時期にはゴールドマンはまったく頼りにならずモルガン・スタンレーの予測がよく当たる、といったこともあるからです。

実際、２０１３年初頭には、ユーロ／米ドルについてゴールドマン・サックスは１・３８００への上昇を見込んで買い推奨をし、モルガン・スタンレーは反対にショートでのエントリーをすすめる、股裂き状態になっていました。

ただ、こうした情報は市場の方向感、ムードを教えてくれる材料ともなります。多くの金融機関が同じ方向で同じようなターゲットを目指していれば、彼らの存在感、取引額、影響力は大きいですから、ターゲットを達成する可能性は高いのでは、と考えられます。オプションを背にしたのと同じ発想で、「ゴールドマンのストップが1ドル95円だから、そこを抜けたら逆指値をおいて買ってみよう」といった使い方もできます。

ヘッジファンドの動向も同様です。ヘッジファンドの具体名となるとなかなか一般の方の耳には届いていないのではと思いますが、「FXコンセプツ」というヘッジファンドがあります。世界最大の為替ヘッジファンドといわれており、そのトップであるジョン・テイラーは、ブルームバーグやロイターのインタビューにも頻繁に登場し、僕も注目している人物のひとりです。

同じように投機家として有名なジョージ・ソロスや、「BRICs」という言葉の生みの親であるエコノミストのジム・オニールなどの発言が材料となることもあります。

こうした為替の動向に影響を与える要人のインタビューが報道されたときは、ヘッドラインだけでも目を通して、彼らがどんな通貨に注目し、どんな相場観を持っているのか、頭に入れておくといいでしょう。

" Gnomes of Zurich. "

Chapter 4
通貨ペア選び

4 通貨の動向は複数の通貨ペアで通貨ペア選び

セミナーなどで「おすすめの通貨ペアは何ですか?」と聞かれることがよくあります。そんなときは、「馴染み深い通貨ペアがいいと思いますよ」とお答えするのですが、質問された方は何となく物足りない顔をされます。ただ、そうとしか答えられないところもあるのです。

なぜなら、**通貨の関係やクセ、おすすめの通貨ペアはそのときどきによって変わる**からです。そのため、本書でもこれがおすすめ!とは言えないのですが、自分が取引する通貨ペアの収益効率をあげる方法があります。本章では、そのお話をしていきます。

皆さんはユーロ/豪ドルのチャートを見たことがあるでしょうか?

個人投資家の方のお話を聞いていると、自分が取引する通貨ペアのチャートに集中してしまいがちなようです。ユーロも豪ドルも馴染みのある通貨だとは思いますが、対円で見る方がほとんどで、まあ、熱心な方が対ドルで見る程度。そもそも日本のFX会社でユーロ/豪ドルを扱う会社は多くはなく、ユーロ/豪ドルのチャートを開いたことがある人はほとんどいないのではないかと思います。

僕は2011年末から2012年にかけて、このユーロ/豪ドルをよく取引していました(図1)。メルマガにも書いていましたし、雑誌の取材で注目の通貨ペアを聞かれれば「ユーロ/豪ドル」と答えていました。

なぜ、そのとき僕がユーロ／豪ドルに注目していたのか？　答えは簡単。方向性が明確で、しかも大きく動いていたからです。

２０１２年はユーロ危機が相変わらず市場の大きなテーマで、ユーロ／米ドルも下落傾向にありました。しかし、２０１０年の安値である１・18を割ることはありませんでした。ユーロが弱いのは明らかでしたが、米ドルも通貨安要因となる金融緩和の実施が濃厚だったためです。

つまり、「ものすごく弱い通貨であるユーロ」と、「どちらかといえば弱い通貨である米ドル」の組み合わせだったため、結果として方向性はユーロ安でも、ユーロ／米ドルはものすごく大きな値動きにはならなかったのです。

逆に、「ものすごく大きな値動き」となるのはどんな通貨ペアかといえば、「ものすごく弱い通貨」と「ものすごく強い通貨」の組み合わ

[図1] 強い豪ドルと弱いユーロ

せです。

それが当時、ユーロ／豪ドルだったのです。

豪ドルがなぜ強いかといえば、中国経済との関係もあり景気が堅調で、かつ先進国が軒並み超低金利で金融緩和を行っているなか、オーストラリアは４％台の高金利。結果、ユーロ／豪ドルは２０００pips幅の、大きなダウントレンドが発生したのです。

ひと口に「ユーロ売り」といっても、どの通貨に対してユーロを売るかによって、収益は大きく変わってきます。このときは対豪ドルでのユーロ売りが効果的だったわけです。

通貨間の「力関係」を把握する

為替市場では米ドル、円、ユーロが3大通貨であり、この3通貨の力関係を把握しておくことが大切です。

例えば、米ドル／円が上がっているとき、その要因が「円安」なのか「ドル高」なのかを考える必要があります。それはユーロを交えて考えることで、見えてきます。

もしも円安のために米ドル／円が上がっているのであれば、クロス円を中心に取引することになりますし、ドル高により米ドル／円が上がっているのであればドルストレートが中心となります。もし、米ドル／円上昇の要因がドル高だったとすれば、いくらクロス円を買っていても、対ユーロや対豪ドルでは思ったほど円安が進まず、収益がさほど増えないといったことにもなりかねません。

米ドル／円で円安ドル高が進んでいれば、力関係は「米ドル＞円」です。これだけを見れば、「米ドル／円を買う」のが正解ですが、もしもユーロ／米ドルのチャートも上昇していて、「ユーロ＞米ドル」になっていれば、3通貨の力関係は「ユーロ＞米ドル＞円」となります。米ドル／円を買うよりも、ユーロ／円を買ったほうがより大きな値動きが期待できます。

2012年末からの円安局面では、ユーロ／円で米ドル／円以上に円安が進みました。これは、円安と同時に対米ドルでのユーロ高が進んでいたためです。

もし仮に、米ドル／円では円高ドル安、ユーロ／円では円安ユーロ高とバラバラに動いていたとすると、ユーロ／米ドルを見れば、3通貨の力関係が明白になるわけです。

こうした考え方は、他の通貨にも応用できます。米ドル／円で円安ドル高が進んでいても、同時に豪ドルが対米ドルで安くなっているようであれば、豪ドル／円は米ドル／円から連想するほどには上がらない、ということにもなります。

複数の通貨ペアを見て、今はどの通貨がより強く、どの通貨がより弱いのかを考えることで、大きな値幅を狙うことができるわけです。

豪ドルは「疑似人民元」

為替市場には通貨や時間などによるクセがあります。そうした特徴を知っておくこともFXでは大切です。普段は取引しない通貨や国のニュースでも、自身のトレードに思わぬヒントを与えてくれることもあります。

顕著なものが中国経済と豪ドルとの関係です。

豪ドルは「疑似人民元」といわれるほど、中国の材料で動きます。中国の経済指標がいいと豪ドルが買われたり、中国株が急落すると豪ドルもつれて下げたりといったようにです。これはひとえに、中国とオーストラリアの貿易関係が非常に密接なためです。

最近ではサイバーエージェントＦＸが人民元を扱うようになるなど、中国の為替制度は開放へと向かってはいるものの、豪ドルのように完全に自由に取引できるわけではありません。

そのため**「人民元の代替通貨」**として、**豪ドルが取引**されているといった側面もあるのです。

マーケットは**「中国の材料→豪ドルで取引」**と反応する習慣がすでにできています。この関係を知っておくと、中国のＧＤＰが悪化したといったニュースを聞いて、「だったら豪ドルを売ってみようか」といった発想ができます。

あるいは、「中国で強い材料が出るまで、し

［図2］豪ドルは「疑似人民元」

ばらくは豪ドルを買い控えておこう」といったように損失を防ぐこともできるでしょう。

また、豪ドルを取引しないとしても中国の経済指標は侮れません。為替市場でも中国の存在感は増していきます。経済指標などで中国経済の減速が確認されると、世界の投資家が「リスクを少し抑えよう」と、リスクオフの動きになりやすい傾向があります。

連動しやすい資源国通貨同士

豪ドルと人民元以外にも相関性をもつ組み合わせは多くあります。

一般的には豪ドルとNZドルは似た値動きをしがちですし、「資源国通貨」として括られる豪ドルやカナダドル、南アフリカランドも、同じ方向に動きやすい傾向があります。さらにはブラジルレアルの動向が資源国通貨全体に影響を与えたりもします。

ブラジルレアルはFXではほとんど取引されることがない通貨ですし、チャートを見る機会は非常に少ないと思いますが、ブラジルレアルと豪ドルとの間に高い相関性があった時期がありました。

一時期、日本でもブラジルレアル建ての投資信託が盛り上がったことがありました。為替市場での取引が少ない（流動性が低い）わりに、成長期待から投資信託がらみの投資が活発なため、ファンドマネジャーがリスクヘッジの意味合いで、豪ドルを売買していました。

そうした背景があったため、ブラジルレアルが反落する場合、同じ資源国通貨である豪ドルが急落するといった傾向が生じていたのです。

このブラジルレアルが動いたあと、「遅行通貨」として豪ドルが動く相関性を利用して、当時の僕は、「レアルのチャートを見ながら豪ドルを取引する」といった戦略を取ったりもしました。

最近ではブラジルレアル自体の流動性が高まっているようなので、この相関性は薄れています。また、この原稿を書いている2013年5月現在では、豪ドル／NZドルの取引が活発で、資源国通貨同士でも大きく変動する傾向にあります。

最初に指摘したとおり、通貨のクセは変わります。それを踏まえつつ、同じ**「新興国通貨」や「資源国通貨」として括られるグループの通貨は影響を与えやすい**、ということを気にとめておいてください。

「震度計」としてのスイスフラン

実際に取引している人は少ないでしょうが、僕が注目している通貨がスイスフランで、取引している人は多いけれども強くすすめられないのが英ポンドです。

まず英ポンドですが、この通貨は値動きが非常に大きいのが特徴です。「投機通貨」といってもいいでしょう。特段の材料がなくても100pipsや200pipsくらい値動きすることがあります。

プロの為替ディーラーでも英ポンドでヤラれて「即死」する人がいるほどで、値動きが大きいだけにうまくハマればとても気持ちよく稼げる通貨なのですが、失敗すると打撃も大きい、そんな通貨です。

一方のスイスフランは、1章でお話ししましたが、シティバンクのボードディーラー時代、米ドル／スイスフランを担当していたこともあって、今でもウォッチしています。が、それは決して、馴染み深いから、という理由だけではありません。

スイスフランは世界経済を脅かすような危機があったときに買われやすい「逃避通貨」「セーフ・へ

イブン」としての性格があることはよく知られています。そのため事前にリスクを警告してくれることがあるからです。

至近な例でいえば、2013年3月中旬、週末を控えた金曜日。とくに材料がないのに、突然、米ドル／スイスフランでスイスフランが大きく買われたことがありました（図3）。

何か怪しい動きだなという印象はあったのですが、週があけて明らかになったのが、キプロス問題でした。真相はわかりませんが、キプロス危機の表面化を事前に知っていた誰かがいたのかもしれません。

スイスフランの「リスク感応度」は高く、リスクオン／リスクオフをという市場のムードをみる米国株を仮に「体温計」だとすれば、**スイスフランは「震度計」**と言えます。

キプロス問題のあとにイタリア政局が混乱したときには「逃避通貨」としての本領を発揮し

【図3】リスク警告通貨としてのスイスフラン

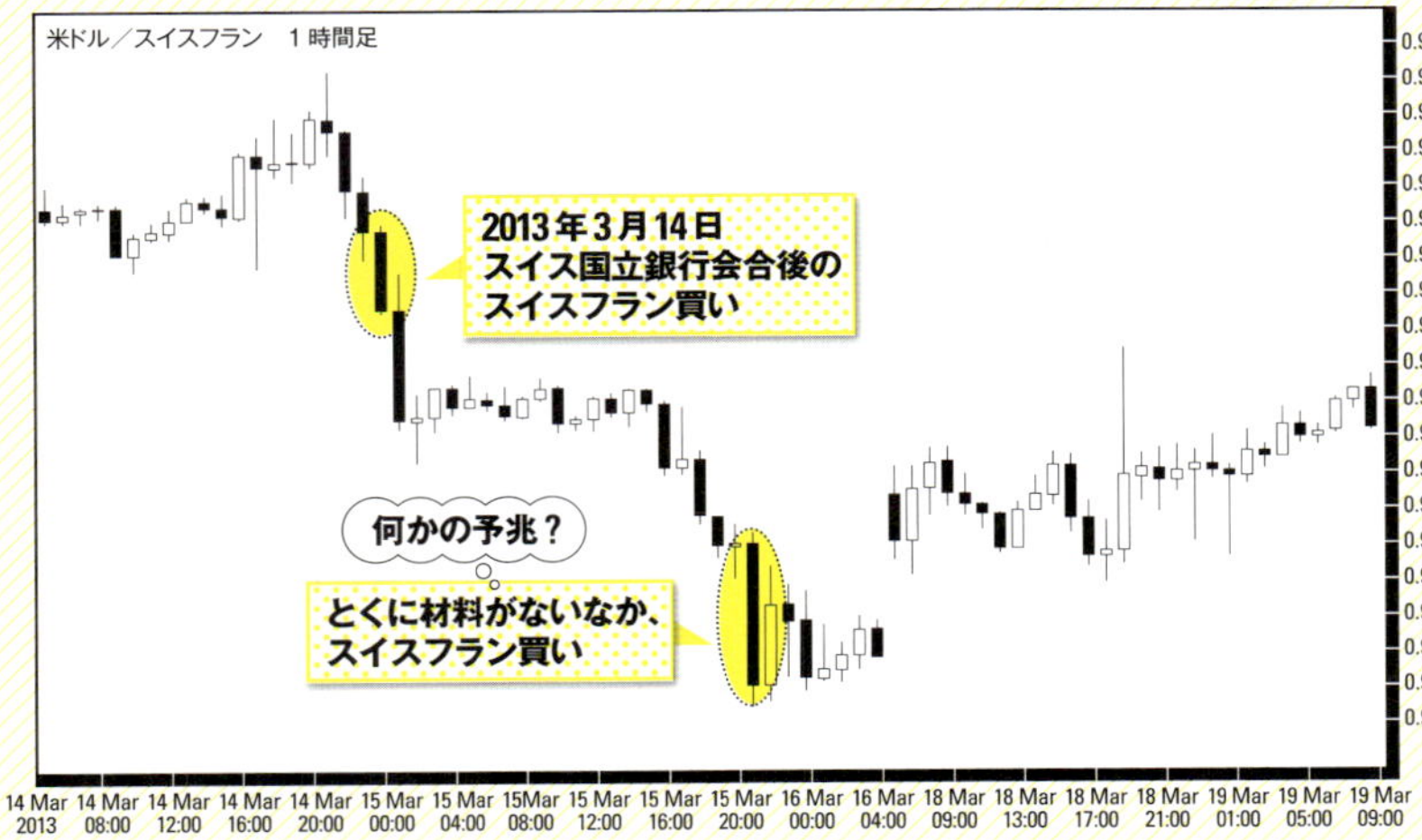

て、ユーロ／スイスフランが売られました。

どこかで**火種が見えたときにはスイスフランが大きく動く**ので、何かの〝前兆〟として気にとめておくといいでしょう。

スイスフランを取引していなくても、こうしたときは他の通貨ペアもリスクを抑える方向へ動きやすくなります。「円売り」がメイントレンドのときであれば、調子に乗ったヘッジファンドは総じて円売りポジションを膨らませていますから、そのポジションをいったん閉じる動きが発生し、円が買い戻されて円高へと動きやすくなります。

年末年始に相場が急変する理由

為替市場には定期的に繰り返す「相場のクセ」があります。いわゆる「アノマリー」と呼ばれるものもそのひとつですし、実需のオーダーもそうです。

大きなところでいうと、ここ数年よく動くのが年末年始です。日本人は12月28日ごろから大晦日を挟んで三が日がお休みとなりますが、欧米勢はその前、クリスマス前後に1～2週間の休暇をとります。

欧米は12月末が決算期末でもあり、この間、相場は閑散とするのが通例です。とくにクリスマス当日となる25日などは、世界の主要市場で動いているのは東京くらいですから、ほとんど値動きがありません。

クリスマス休暇が終わった12月27・28日あたりから動きだして、1月1日はさすがに休みますが、2日から取引しているディーラーはたくさんいます。しかも新年度でゼロからのスタートとなりますから、ここで大きく動くことも多いのです。

動く方向はというと、参考になるのが年末に各金融機関が発表する「来年の展望」といったレポートです。「2013年は円売りがメイントレンドになるだろう」といったトーンで各行の見通しが一致していれば、「今年の初取引は円を売ってみようか」となりますから、結果としてレポートが予測した方向に動きやすくなります。

その他、日本人には馴染みのない休暇として、3月のイースターや10月のハロウィンなどもあります。こうした欧米に共通する祝日の直前には、休暇中のリスクを減らすため、ポジションを閉じようとする動きが出て、ファンダメンタルズとは関係なく、調整相場に入る傾向があることは覚えておいたほうがいいでしょう。

最近はAIを利用したシステムトレードが注目されている為替相場ですが、本来はあくまでも市場参加者――人間同士が行っているものです。人の心理が大きく影響するのが為替相場であり、ホリデー前に動くというのも当然なのです。

相場を惑わす月末の実需

その他、季節的要因（Seasonal Factors）として大きなものに3月があります。3月は日本の決算期末ですが、ここではさまざまな大口注文が持ち込まれます。その決算に向けて2~3月になると輸出企業が海外で稼いだ米ドルを円に両替することが増えるため、実需筋からの円買い需要が増大します。この海外へ投資していた資金を自国通貨へと戻す動きをレパトリエーション（Repatriation）と言います。

欧米でも同じようなことがあり、顕著なのが**月末のユーロ買い・ポンド売り**です。これは英国がEUへの支払いのための為替取引を月末ごとに出すためと言われています。

さらに細かいところで時間ごとのクセもあります。**朝9時55分は日本の銀行がその日の為替レートである「仲値」を決める時間**ですし、同様のことが夜になるとロンドン市場で**「ロンドン・フィキシング」として深夜1時（夏時間0時）**にあります。

ロンドン・フィキシングでどんな注文が持ち込まれるのか、個人投資家の方には見えづらい部分ではあるのですが、GI24などを見ていると、その日にロンドン・フィキシングでどんな大口注文が出そうなのかが配信されることがあります。短期のトレードであれば、気をつけたほうがいいでしょう。

とくに**月末のロンドン・フィキシングでは市場の動向とは関係なく、大口の「特殊玉」が持ち込まれる**ことがよくあります。それによってオプションのバリアが突破されることもありますし、あるいは方向感のない不安定な値動きとなることも多いため、月末でトレンドが見えづらいときは、トレードの手を少し休めて新しい月になるのを待ってみるのがいいと思います。

" Success is stumbling from failure to failure with no loss of enthusiasm"

Winston Churchill

Chapter 5

一目均衡表×RCI

トレードタイミングの精度を高める一目均衡表×RCI

僕は**FXで利益をあげるために重要なのは「どこで入り、どこで出るか」**にあると考えています。ファンダメンタルズ分析で市場の大きな方向性やテーマを測り、それだけでできるトレードもあります。しかし、よりトレードの精度を高め利益をあげていくためには、やはり、「どこで入り、どこで出るか」を具体的に示してくれるチャート分析は欠かせません。ファンダメンタルズ分析とテクニカル分析が合致したとき、もっとも効率のいいトレードが可能となります。

チャートを分析するためのテクニカルにはいろいろな種類があり、人により考え方もさまざまです。種類がありすぎて迷ってしまう人も多いようなのですが、「どれが正解」ということではなく、一般的なものであれば「どれも正解」なのだと思います。いろいろな選択肢の中から自分の感覚に合うもの、自分が使いやすいものを使えばいいでしょう。ただ、そこでも大切なことが2つあります。

ひとつは、**自分が選んだテクニカル分析のメリットとデメリットを知っておく**ということです。どんなテクニカル分析も万能なわけではありません。見やすいけれど精度がいまひとつであったり、高精度ではあるけれど反応が遅かったりと、どれも一長一短があります。

自分が使っているテクニカルにどんな特徴があるのか、過去のチャートで振り返ってみて性質を把握しておくことが、どんなテクニカル分析を使うときにも欠かせない作業です。

もうひとつは「慣れ」です。ひとつのテクニカル分析を使い続けていると、クセが見えてきます。押し目になったときの形やトレンドが転換するときの予兆など、自分なりのパターンが見えてくるようになり、デメリットを自分の見方で補えるようになってくるのです。

誰かが使って儲かっているテクニカル・ツールだからといって、それを使えば誰もがすぐに儲かるということはありません。誰もが使っているツールであっても、それをどれだけ自分のものにできるかが大事ということです。

僕の場合、「これだけを見ている」ということはなく、MACDもストキャスティクスも移動平均線も、その他、さほどメジャーではないものもあわせて見ているのですが、初心者の方に、ひとつ目のテクニカルとしてすすめたいのが一目均衡表です。

[図1] 日本発のテクニカル分析「一目均衡表」

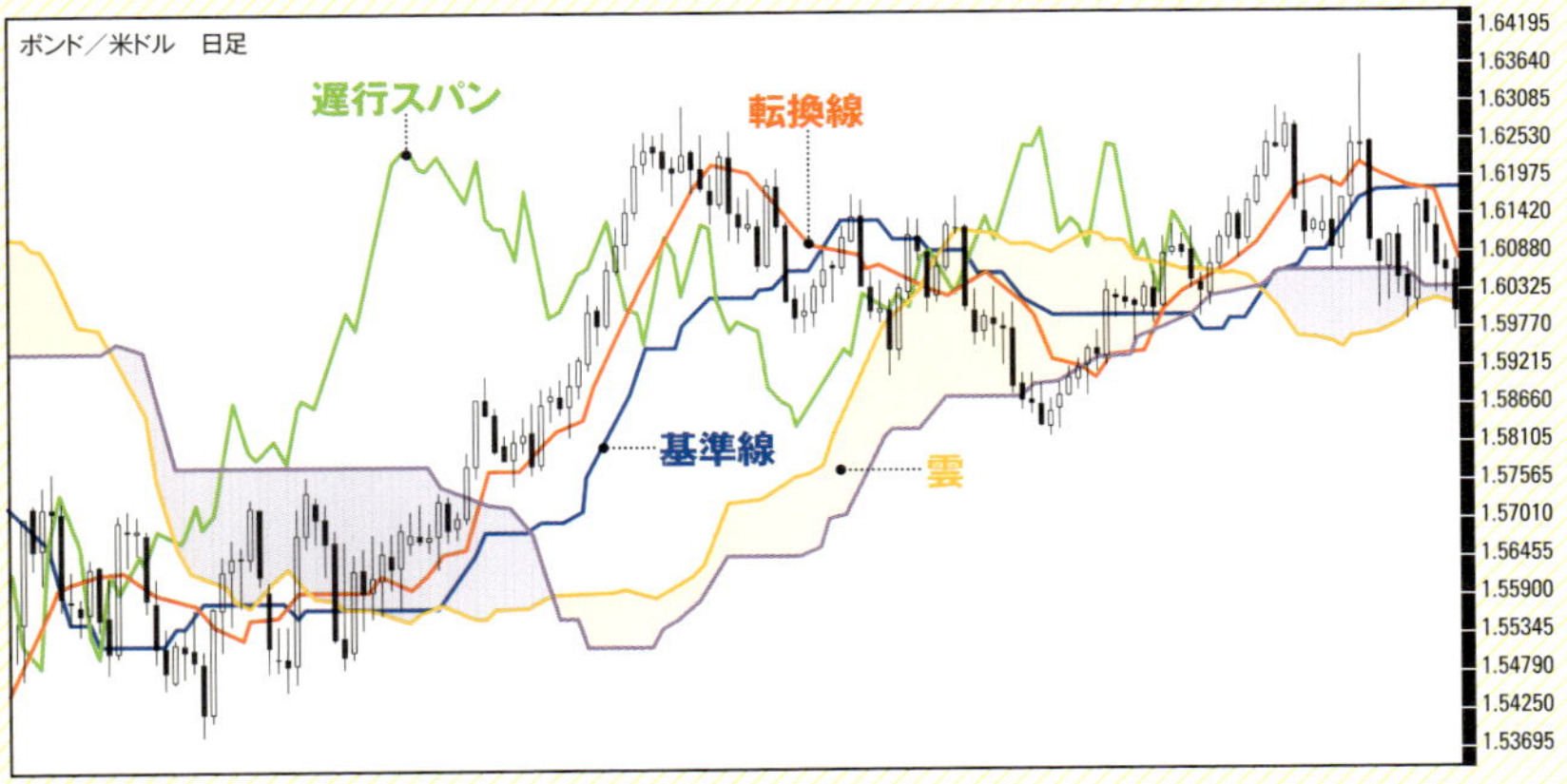

基準線、転換線、遅行スパン、雲の関係で見る一目均衡表

円トレードなら「一目均衡表」

一目均衡表は、一目山人（細田吾一）氏が開発し、海外の機関投資家も注目する日本発のテクニカル分析です。特徴としては、多くのテクニカル分析がチャートの縦軸である「価格」に着目しているのに対して、一目均衡表は横軸である「時間」も重視し、価格とともに「いつ相場が変化するのか」という、そのタイミングを示唆してくれる点でしょう。

とくに米ドル／円など円の絡んだ通貨ペアでは一目均衡表の示すポイントが相場の節目となることが多く、円絡みの通貨ペアの中長期的な方向を考えるときには、僕も注目していますし、海外勢も「ｉｃｈｉｍｏｋｕ」として使っています。皆さんも円の絡んだ通貨ペアを取引する機会が多いと思うので、まずは一目均衡表から試してみてはどうでしょうか。

もうひとつ、おすすめする理由としては、一目均衡表は視覚的なので、相場は上向きなのか下向きなのかの方向感と、その強弱を判断しやすいということです。

一目均衡表は「基準線」「転換線」「遅行スパン」「先行スパン１」「先行スパン２」という５つのラインからなり、その使い方もいろいろですが、僕が見ているのは、「三役好転」と「三役逆転」です。その名のとおり、３つの「役」が揃ったときに大きなトレンドの発生を確認するため、ひとつのラインだけに頼るよりも正確性が高まります。

一目均衡表はメジャーなテクニカル分析で、ご存じの方も多いと思いますので、まずは５つのラインについて駆け足で説明していきましょう。

方向性を示す「基準線」と「転換線」

5つのラインのうち、僕が重視しているのは「基準線」です。これは過去26本のローソク足の最高値と最安値の平均を、移動平均線のようにプロットしていくラインです。

移動平均線は終値の平均ですが、基準線は最高値と最安値の平均なので、過去26本の最高値か最安値を更新しない限り、線の傾きは変わらずフラットになります。そのため移動平均線が曲線になるのに対して、基準線は階段状のラインとなります。

基準線が大切なのは、これが相場の方向性を示してくれるからです。基準線が上向きでローソク足が基準線より上にあれば強気相場となり、ローソク足が基準線を下抜けてしまい、基準線も下向きに変わってきたら方向性が下降へと変化したことになります。

[図2] 転換線が基準線より上＝「強気相場」

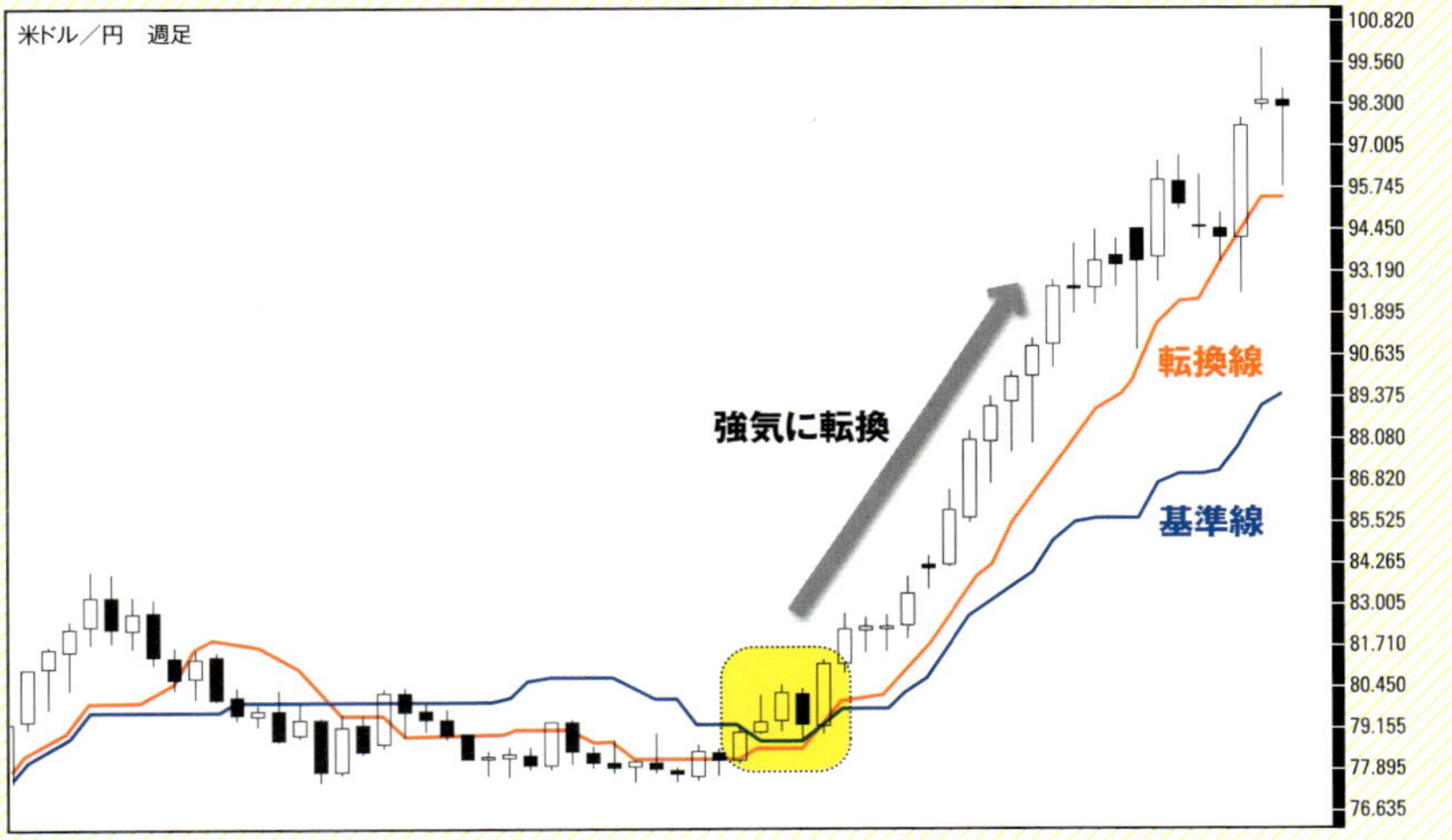

基準線は過去26本の最高値と最安値の半値なので、平行であればレンジですし、ローソク足が基準線を上抜けたり下抜けたりしているときは、半値を挟んで上下しているわけで持ち合い相場ということです。その名のとおり、相場を見るときの「基準」となる線が基準線なのです。

基準線と同じような考えで期間を短くし、過去9本分の最高値と最安値の平均で引いたラインが転換線」です。基準線よりも計算のもととなる本数が少ないため、より短期的な動きを示唆するラインとなります。

転換線の見方も、基準線と同様「上向きか下向きか」と、「ローソク足より上か下か」の2点が基本で、基準線よりも先行して動くので、方向性の転換をより早く教えてくれます。

それに加えて、転換線と基準線の位置関係を見て、**「転換線が基準線の上にあれば強気」、「下にあれば弱気」**と考えることができます（図2）。

基準線や転換線は、サポートやレジスタンスとしての役割も期待できます。強い上昇トレンドでなかなか押し目がなく、買い時の見えづらい相場でも、転換線に沿った上昇だとしたら、まずは転換線がサポートとなります。

ローソク足が転換線を下抜けても、転換線が基準線を下回ったり、基準線が下向きに変わったりしない限りは、今度は基準線がサポートとなり「ローソク足が基準線まで落ちたところで買う」といった考え方ができます。

「遅行スパン」で相場の強弱を

一目均衡表の3つ目のラインが「遅行スパン」（遅行線）です。このラインは少し変わっていて、現在の足の終値を26本分さかのぼって過去の位置に記入します。平均価格や高値や安値を使うわけではなく、単純に終値をさかのぼって記入するだけのとてもシンプルなラインです。

言い方を換えれば「期間を1に設定し、マイナス26本表示移動させた単純移動平均線」ということでもあります。

遅行スパンは見方もシンプルで、「遅行スパンがローソク足より上にあれば強い相場」ですし、「遅行スパンがローソク足より下にあれば弱い相場」です。

現在の値が26本前より上がっていれば、遅行スパンはローソク足の上側にあるわけで、上昇していることが示されます。逆に、現在の値が、

［図3］遅行スパンがローソク足より上＝「強気相場」

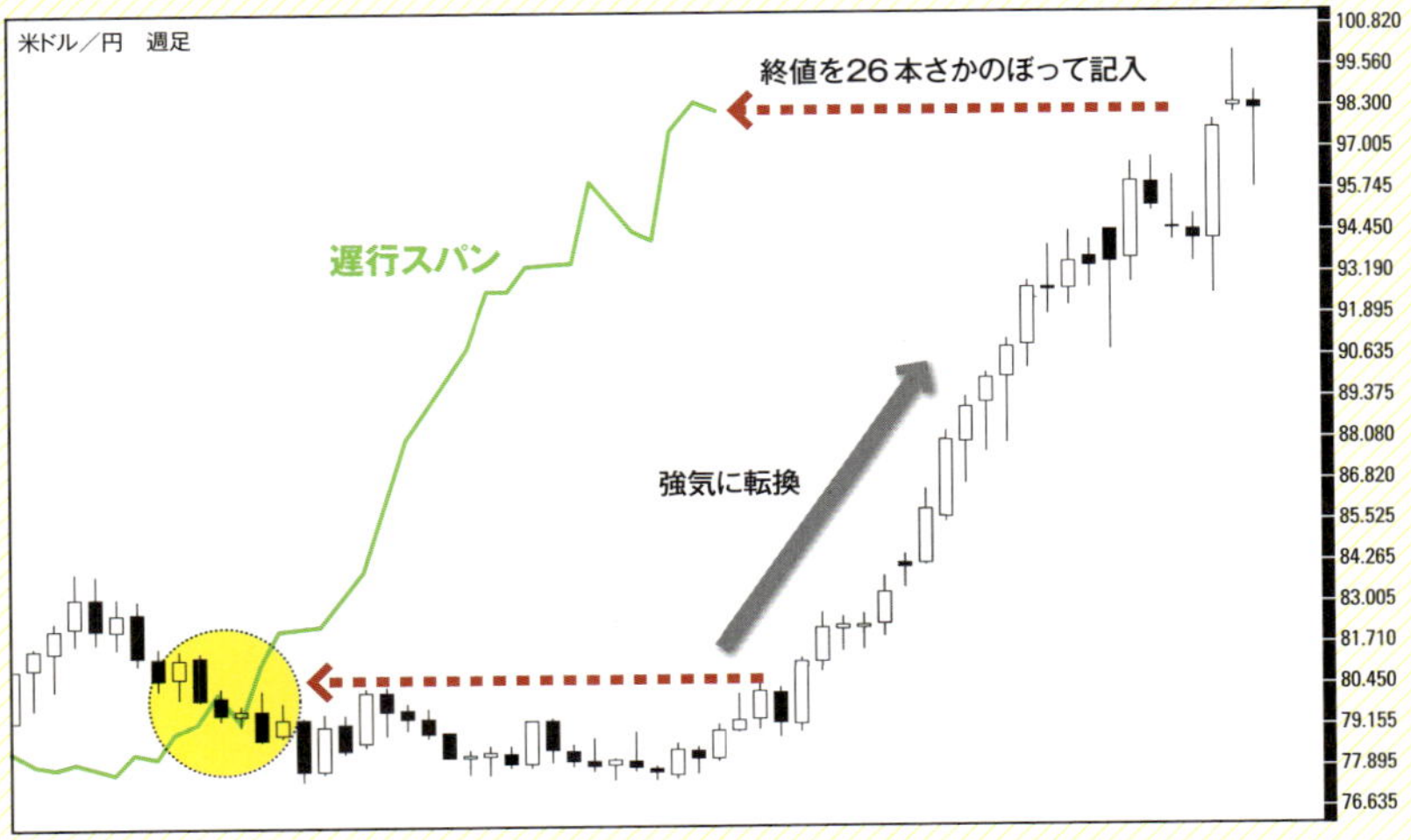

26本前より下がっていれば、遅行スパンはローソク足の下となり相場は下落だとわかります。

遅行スパンの性質を利用すると、ローソク足数本から20本くらい先までのシナリオを描きやすくなります。図3のように遅行スパンがローソク足を上抜けたら、まず価格が上昇して、それとともに遅行スパンも上がり、ローソク足より上に位置するから、強気相場への転換だ、というシナリオが描けます。

また、図4のように、右端の現在の価格付近のまま横ばいの動きが続くと、遅行スパンも横ばいのまま推移します。すると、あと10本もこのままの動きで進むと、遅行スパンとローソク足の関係はどうなるでしょうか。

遅行スパンはローソク足を上抜ける形となります。つまり強気相場の再開のシナリオが描けることになります。

[図4] 遅行スパンで描くトレードシナリオ

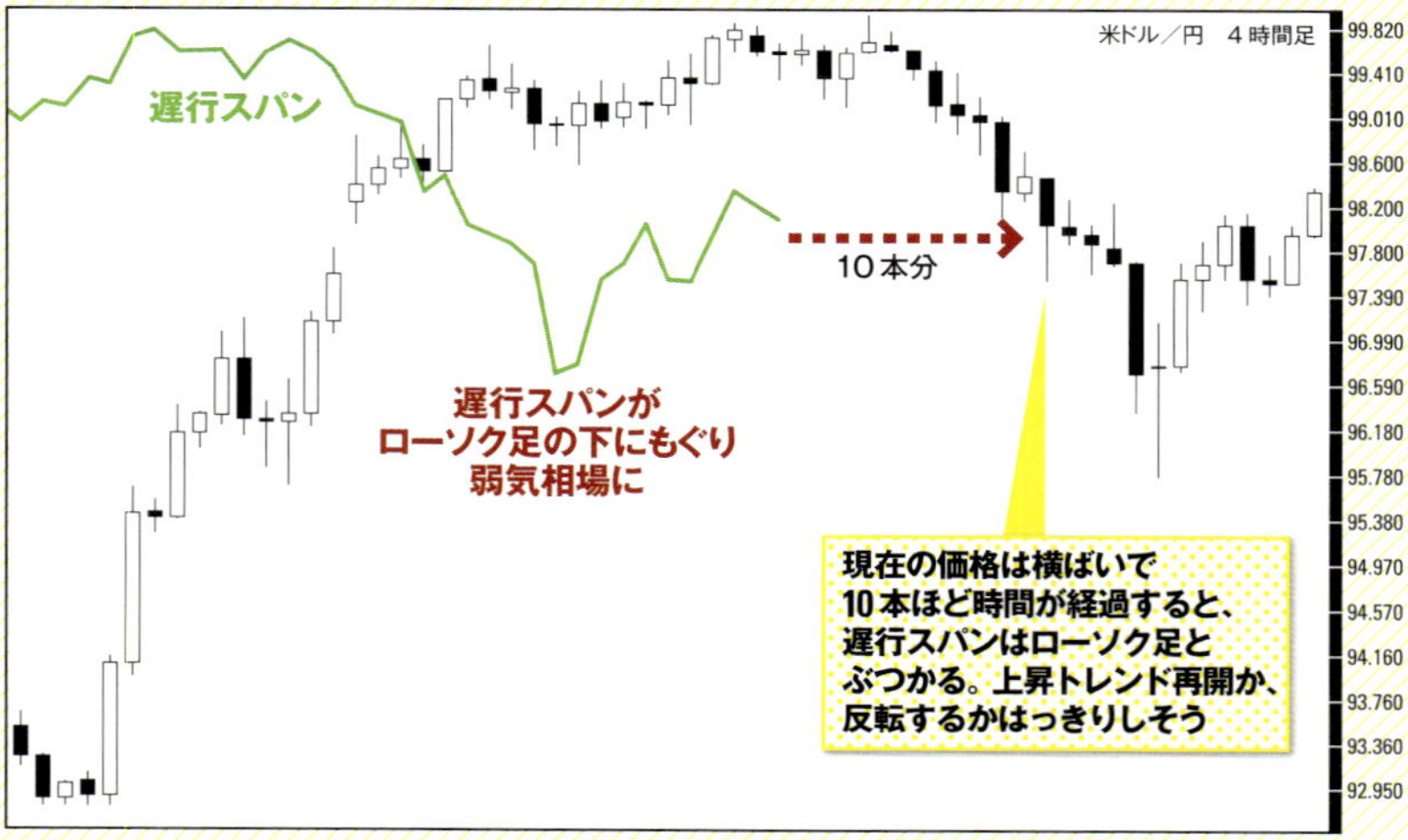

抵抗帯となる「雲」

一目均衡表の残り2つのラインが「先行スパン1」と「先行スパン2」です。先行スパン1が基準線と転換線の平均、先行スパン2は過去52本分の最高値と最安値の平均を、それぞれローソク足26本分、先行させて表示させます。

この先行スパン1と2で囲まれた地帯は「雲」と呼ばれ、「抵抗帯」として見ることができます。

先行スパン1と2の位置関係を見る考え方もありますが、「三役好転」「三役逆転」で使うのは、ローソク足と雲の関係です。「ローソク足が雲を上に抜けてくると強気相場」で、「ローソク足が雲の下へ抜けてしまうと弱気相場」です。

ローソク足が雲の中にあるときは方向性がはっきりせず、また遅行スパンが雲の中にあるときも不安定な値動きとなりがちです。

【図5】ローソク足が雲より上=「強気相場」

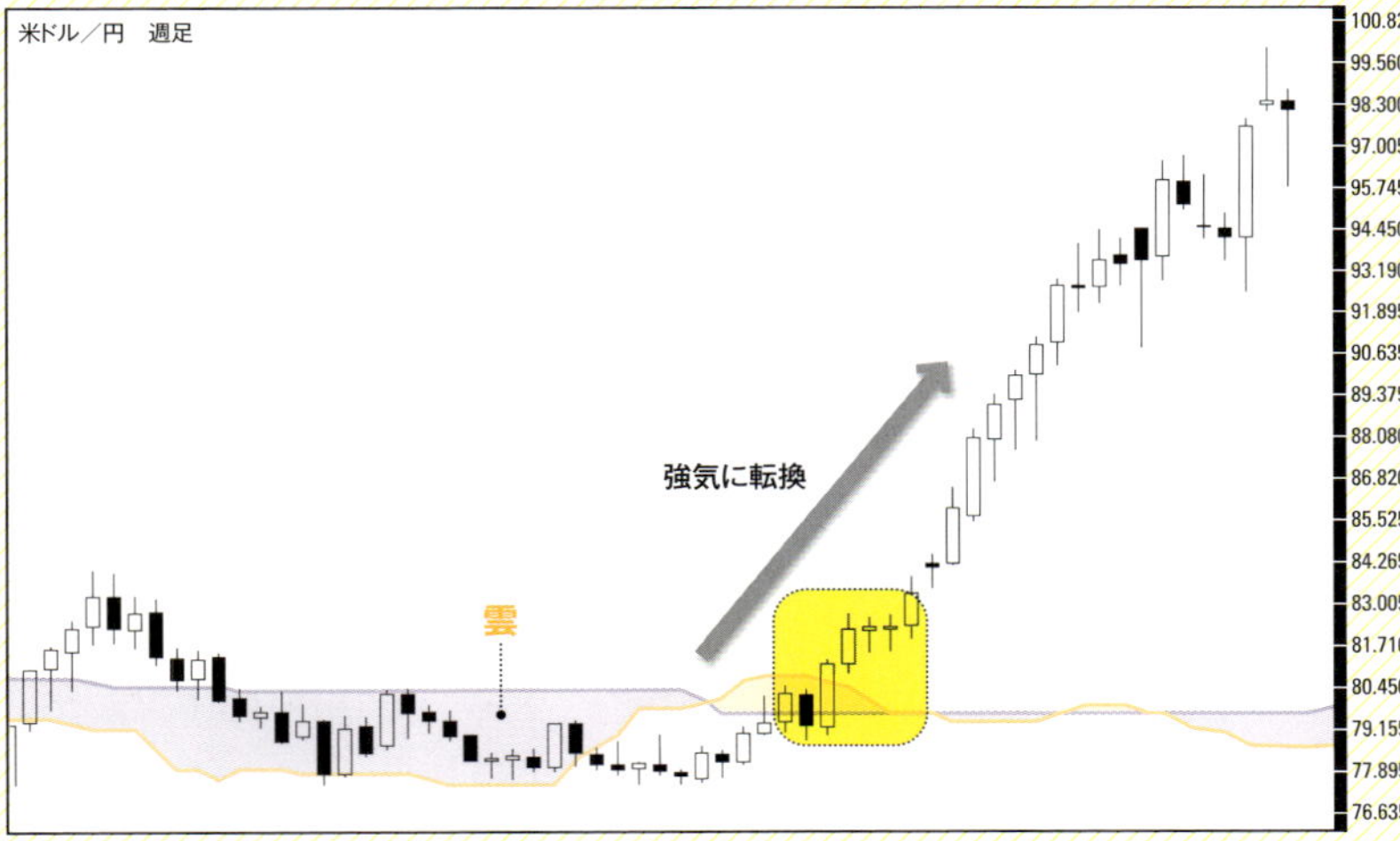

「三役好転」「三役逆転」

一目均衡表の5つのラインを簡単に紹介してきましたが、「三役好転」「三役逆転」は①転換線と基準線の関係、②遅行スパンとローソク足の関係、③雲と価格の関係、の3つを見ていきます。ただし、この順番は関係ありません。

具体的には、「転換線が基準線より上」「遅行スパンがローソク足より上」「ローソク足が雲より上」になったときが「三役好転」で、相場の強い上昇を示唆します。

逆に「転換線が基準線より下」「遅行スパンがローソク足より下」「ローソク足が雲より下」になったときが「三役逆転」で、相場の強い下落を示唆します。

これまでに紹介してきた、図2・3・5は、すべて同じ米ドル/円の週足チャートです。

解説のために三役の動きを個別に見てきまし

「三役好転」「三役逆転」の条件

三役好転 ▶ 強気相場への転換

- 転換線が基準線より上
- 遅行スパンがローソク足より上
- ローソク足が雲より上

三役逆転 ▶ 弱気相場への転換

- 転換線が基準線より下
- 遅行スパンがローソク足より下
- ローソク足が雲より下

それぞれ3つの条件が揃えば、「三役好転」「三役逆転」となる。役ができていく順番は関係なく、二役が揃ったら、最後の一役が完成するまで待つと、安心感をもってトレードできる

たが、すべてが強気相場への転換を示して、「三役好転」が完成しました。

ただ、僕は**三役好転や三役逆転の際に、遅行スパンが雲を抜けているかどうかも見る**ようにしています。遅行スパンが雲の中にあると動きが素直でない場合が多く、これは三役でも同じだと考えるからです。三役が好転や逆転する際に、遅行スパンがローソク足を抜けるだけでなく、雲からも抜けていると、より強い動きとなると考えています。

時間軸を落として「三役」を探す

週足や日足といった長めの足での三役は有力なトレンド発生のシグナルとなるので、三役が好転したら買い、三役が逆転したら売りと考えるのがセオリーですが、三役転換はそう多くはありません。とくに週足や日足レベルの三役転換だと年に数回といった感じになってきます。

それに三役が揃うのは、相場がそうとう煮詰まってからであり、トレンド転換シグナルとしての精度の高さの裏返しとして、エントリーシグナルとしてはタイミングが遅くなってしまう傾向があります。僕自身、三役が転換してエントリーするかというと、三役が揃うよりも前にエントリーしていることがほとんどです。

こうした特徴を踏まえると、「週足、日足で三役を揃うのを待ってエントリーする」というセオリーに従ったやり方よりは、**「週足、日足でトレンドを確認し、エントリーは別のテクニカル、あるいは別の時間軸を使う」**といったやり方が効率的でしょう。

まずは「別の時間軸を使う」やり方から説明していきましょう。

図6は米ドル／円の日足で、三役好転が完成し強気相場となっています。ここから押し目を買っていけばいいことはわかるのですが、どこで買えばいいのかが重要です。転換線や基準線を使う方法もありますが、タイミングが取りにくいこともあります。そんなときは**時間軸を落とし、押し目や戻りの局面で長い時間軸と同じ方向に三役が揃うのを待ってエントリー**するのです。

図7は、日足で三役好転した図6から、どこで買いの方向のエントリーをするかを見るために、チャートを1時間足に落としたものです。エントリーのタイミングは1時間足の三役好転がいったん崩れたあと再び、三役好転が完成したときです。

まず、遅行スパンがローソク足を上抜けて「一役」、その数本後に転換線が基準線を上抜けて「二役」、最後にローソク足が雲を上抜けて「三役」が完成。ここで買いです。

「二役」が揃ったのを見つけたら、残りの「一役」（たいていは雲です）が完成するのを待ってエントリーしていくと、効率のいい押し目買い・戻り売りができます。この動きを図6で見ると、一目均衡表の基準線でサポートされる動きとなります。

またこのときに遅行スパンが雲を上抜けたかどうかにも注目すると、よりコンサバティブなトレードになると思います。先ほどもお話ししたように、**三役好転、あるいは三役逆転をしたとき、遅行スパンがローソク足を抜けるだけでなく、雲からも抜けていると、より強い動き**になります。

図7の1時間足で三役好転したタイミングでの遅行スパンを確認すると、その時点ではまだ遅行スパンが雲の中です。その後のローソク足の動きを見ても、すぐには上昇していないことがわかります。

マルチタイムで判断

【図6】

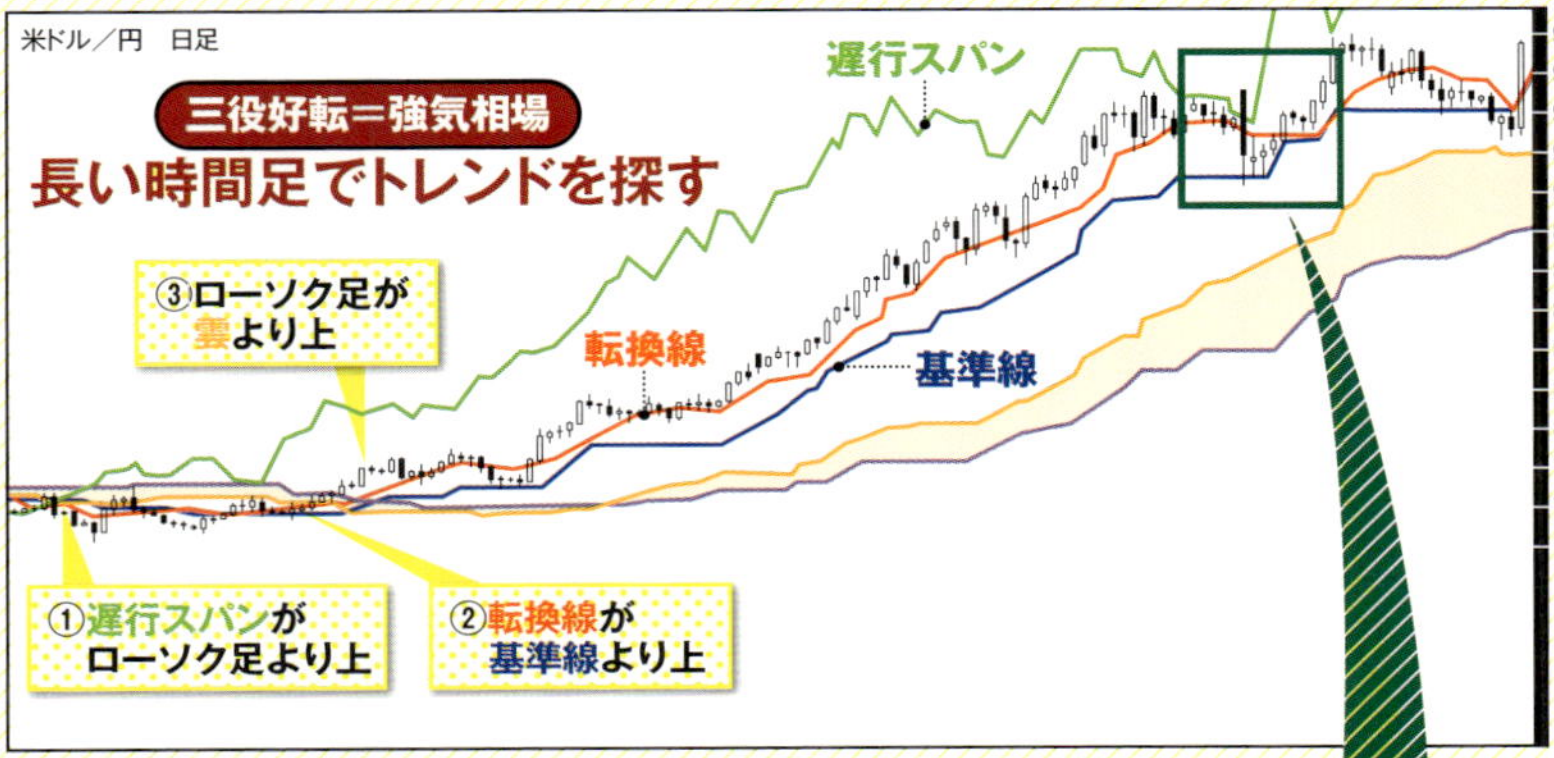

日足で三役好転！　売買の方向は「買い」だとはわかるが、エントリータイミングが見当たらない

短い時間足でタイミングを計る

【図7】

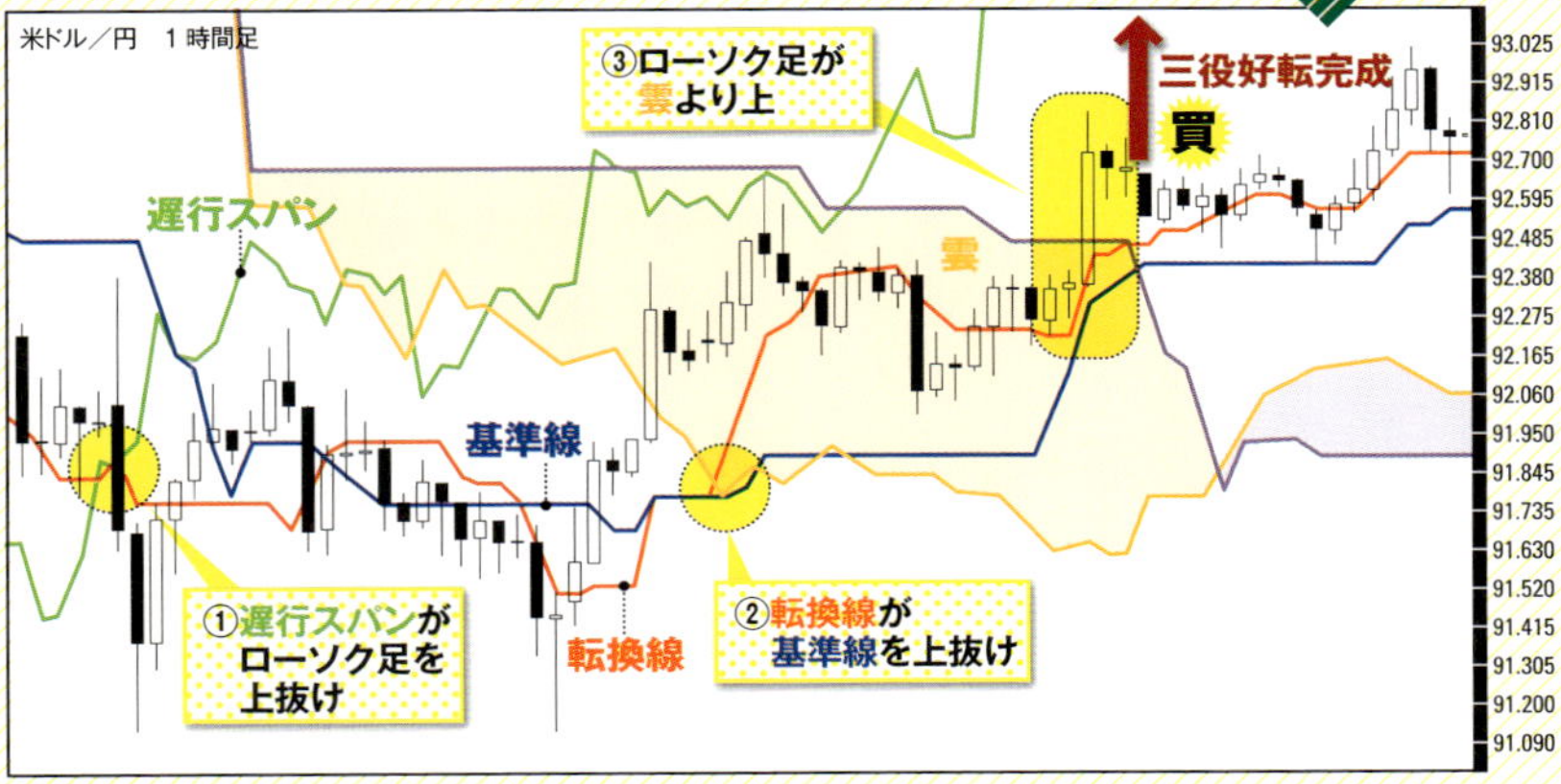

時間軸を下げて１時間足にしてみると、こちらも三役好転。日足と方向性の一致で、エントリー。念には念を入れるなら、遅行スパンと雲の位置もチェックしよう。遅行スパンがまだ雲の中だったら……上昇には時間がかかるかも、と警戒もできる

「一目均衡表」のデメリットを補う「RCI」

一目均衡表は大きな流れを判断するのに適していますが、僕の場合は三役で転換を見ているため、売買のシグナルとしては遅くなりがちです。また、トレンドが転換したかなと思っても、上げ渋ったり下げ渋ったりすると、判断に迷ってしまうこともあります。

本章の最初でも説明したように、テクニカルにはそれぞれに個性があり、メリットとデメリットがあるわけです。デメリットを補うには、そのテクニカルにいろいろな条件を加味する考え方もありますが、**デメリットを補ってくれるような別のテクニカルを併用する**、という考え方もあります。

そこで一目均衡表との組み合わせとして使っていただきたいのがRCIです。RCIは単体でも便利に使えるので、まずRCIの説明からしていきましょう。

RCIは「順位相関係数」と呼ばれるオシレータ系のテクニカル分析で、名前が似ているRSIなどと同じ系統になります。オシレータとは端的にいえば「買われすぎ／売られすぎ」を判断する分析手法です。売られすぎや買われすぎをどう計算、判断するかでオシレータ系テクニカルは細分化されますが、RCIの計算方法は指定した期間の価格に順位をつけ、その順位と日付との関係を見ていきます。

パラメータを9に設定したRCIなら、9期間前から現在までずっと価格が上昇しているとRCIはプラス100％（天井）になりますし、9期間前から現在までずっと安値を更新して下落してきたのならマイナス100％（底）になります。

ただ、現実にはきっちりプラス100％、マイナス100％に張りつくことはあまりなく、プラスマイナス80%を超していれば、天井、あるいは底として考えられます。

価格が上昇を続け高値を更新し続けていると き、RCIはプラス100%へ向かって上昇していきますし、価格が下落を続けて安値を更新し続けていればマイナス100%へと向かって下向きになります。RCIの位置と方向で大まかな相場の流れ、強弱がわかるわけです。

ですから、**RCIがマイナス100%に近いほど、その期間で安値更新が多く強い下降トレンド**ですし、**プラス100%に近いほど、期間の高値更新が多い強い上昇トレンド**と見て利用するのが、RCIの基本です(図8)。

しかし、相場がいつもそのように大きく上昇や下降に傾いているわけではありません。大きなトレンドが出ていないときは、**期間を短くしたRCIは頻繁にプラス100%からマイナス100%を上下**しますし、**逆に期間を長くする**

[図8] RCIの特徴

とRCIは大きな流れを示し緩やかな動きとなります。このため1本だけでは判断やタイミングが取りにくいものです。

そこで、僕は期間の異なる3本のRCIを同時に表示させて使っています。

RCIはFX会社でも表示できる会社が意外と少なく、さらにRCIを3本表示できるチャートはあまりないようです。メタトレーダー4（MT4）でもRCIは標準の罫線分析ツールに搭載されていないので、MT4でRCIを使うには自分でカスタムインジケータを追加する必要があります。インターネット上には、無料のカスタムインジケータがいくつか出ているので、「RCI　3本　MT4」といったキーワードで検索してみてください。

「RCI」3本の秘密

3本のRCIのパラメータは、期間を9・26・52に設定、それぞれ短期・中期・長期とします。

強いトレンドが出ているとき、長期のRCIはプラス100％か、マイナス100％近辺に張りつきます（図9）。

長期RCIが天井に張りつくほどの上昇トレンドならば、買いのタイミングを探せばいいわけですし、底に張りついた下降トレンドなら売りのタイミングを探すことになります。

また、天底への張りつきについて、長期だけでなく中期のRCIとあわせて見ることで、トレンドの強さをより正確に知ることができます。

ただし、長期と中期のRCIが天底に張りついたことで売買の方向性がわかっても、天底から動かないＲＣＩを見ていてもエントリータイミングはわかりません。

そのエントリーの判断で見ていただきたいのが、９に設定した短期のＲＣＩです。

短期ＲＣＩは上昇トレンド中のちょっとした押し目では底へ向けて下がり、下降トレンド中のちょっとした戻り高値では天井に向けて上がるといった、敏感で大きな動きとなります（図10）。

この短期ＲＣＩの頻繁な動きが、エントリーのタイミングを知らせてくれることになります。

期間を変えると動きが変わる

【図9】

【図10】

「長期」と「短期」を利用したエントリー

短期RCIのこの特性を利用して、トレンド中の押し目買い／戻り売りの判断ができます。

僕は3本のRCIを表示させていますが、まずは長期と短期の2本で考えてみましょう。

まず、長期RCIがなだらかに動き出したとき。それが上向きならば、方向性は上昇トレンドです。短期RCIが底へ向けて下がったときが「押し目」となりますが、エントリーするのはここではありません。いったん落ちた短期RCIが再び上昇し始め、**長期線と短期線の方向性が一致したときがエントリータイミング**となります。下降の動きの場合も同様で、長期RCIが下を向き始め、上がっていた短期RCIも下へ向かったときが、戻り売りのタイミングです。

さらに上昇トレンドが継続すると、上向いていた長期RCIは上限である天井付近に張りつきます。長期のRCIが天井または底に張りついている場合は、トレンドが明確な場面です。このときも短期のRCIだけが動く場合があります。長期のRCIが天井にありながら、短期だけが天井圏から下げて底に向かい、再び上昇して天井に向かう動きです。こうした動きは**長期RCIがトレンドを示しつつ、短期のRCIが一時的な下落＝押し目を示している**ことになります。長期線が天井にあり、短期が一度下げてから、再び上がり始めるころが買いのエントリータイミングとなることがおわかりになるでしょう。

反対の場合も同様で、長期線が底にあるときに、短期だけが底から天井へと動き、再び底に向かい始めたときが戻り売りのタイミングとなります。サイクルの違う2本のRCIを使うことで「順張りでのエントリーポイント」が見えてくるわけです。

2本のRCIを使ったトレード

上昇の動きでの押し目買い

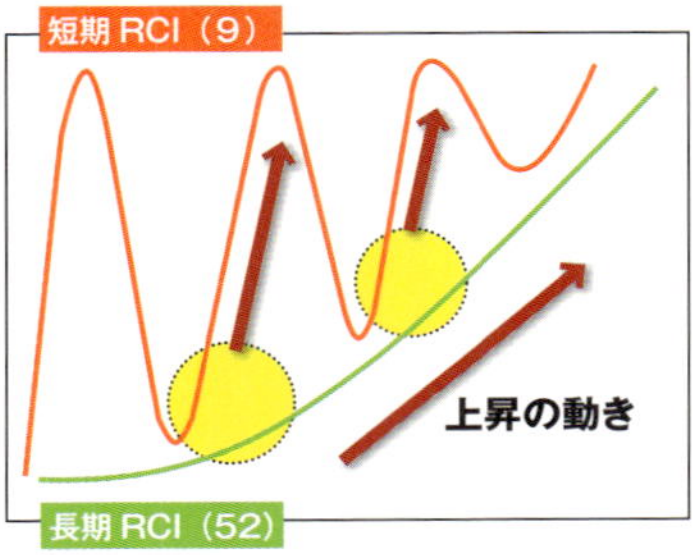

長期 RCI で方向性を判断。上下に動く短期 RCI が長期と同じ方向を示したらエントリーチャンスとなる

下降の動きでの戻り売り

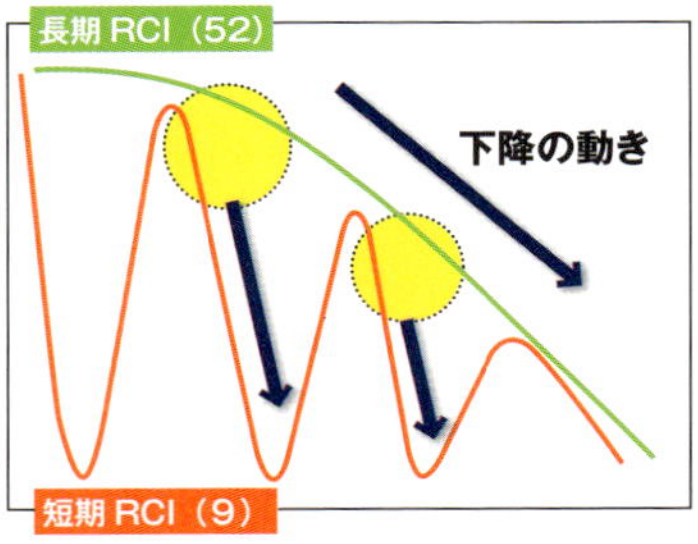

長期 RCI が下降しだし、動きの激しい短期 RCI も下を示したとき、売りでエントリー。方向性の一致が安心感を与えてくれる

［図11］ **長期で方向を見て短期でエントリー**

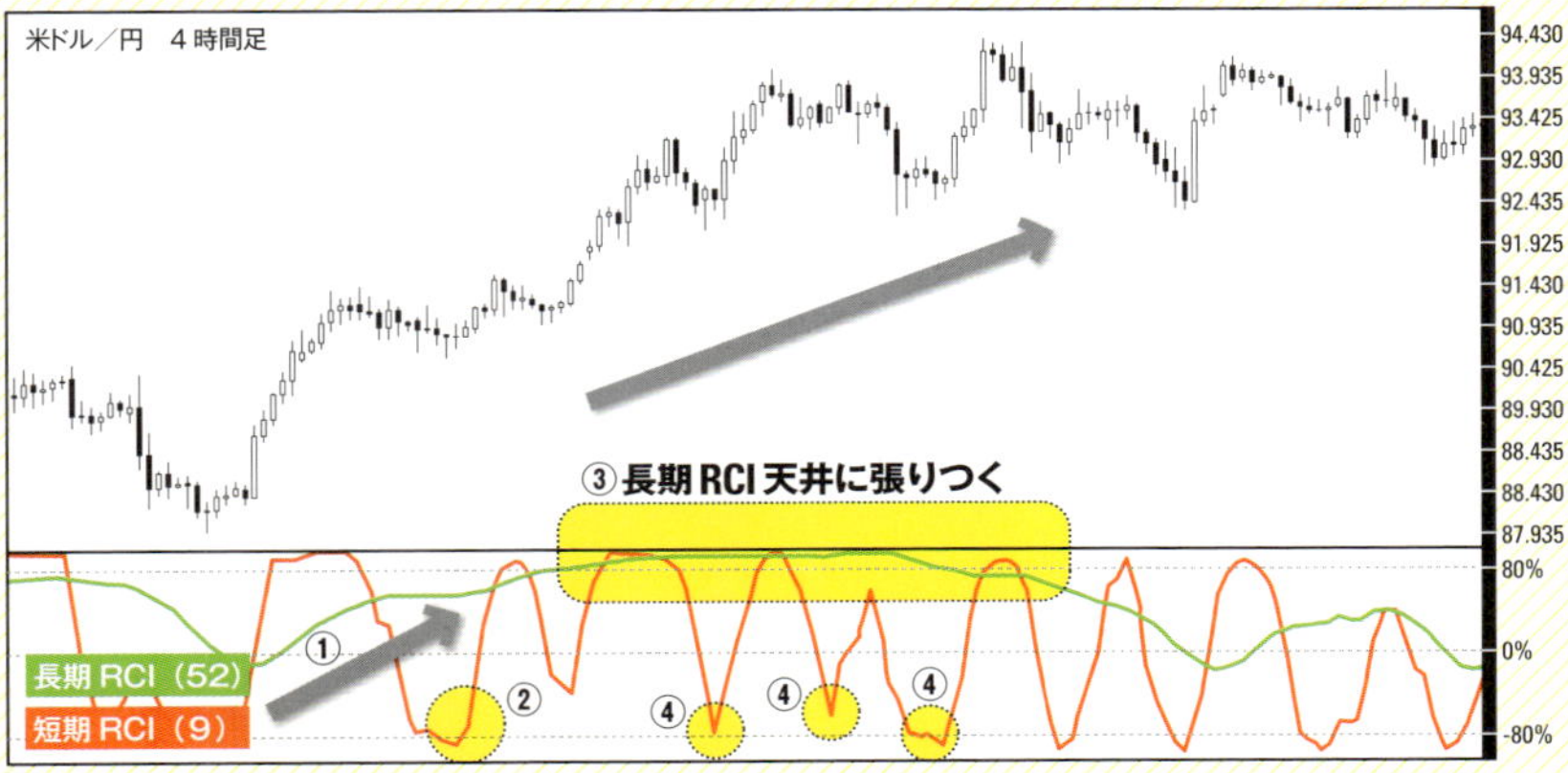

長期 RCI が上向きとなり上昇トレンドを示唆（①）。短期 RCI が底まで落ちて上昇を始めたところが最初の買いのチャンス（②）。トレンドが本格化すると長期 RCI は天井にはりつく（③）。明確なトレンドが出ている間は、短期 RCI が下がっては戻るところを丁寧にとっていこう（④）

「三重天井」「三重底」からのエントリー

では次に、ＲＣＩを3本にして考えてみます。基本的な考え方は長期線と短期線の2本で示したものと同じで、長期線と中期線で方向性を見て、短期線でエントリーのタイミングを計ります。

チャートの形としては、トレンドの段階に応じて2つのパターンが考えられます。

ひとつはトレンドができ始めたとき。相場が上がり始めたら長期ＲＣＩも上向きとなります。中期ＲＣＩは天井付近まで達しているか、あるいは長期ＲＣＩと同様に上向きであるのを確認したら、短期ＲＣＩがいったん落ちて、再び上昇を始めたときに買いです。

図12はユーロ／豪ドルの日足チャートです。値動きはいいのですが、ＲＣＩは3本ともそれぞれの動きをしていて、なかなかエントリーしにくい状態が続きました。しかし、後半になり、中期線が天井に向かい上昇を始め、長期線もゆるやかに上がり上昇トレンドを示唆しています。ここで、短期ＲＣＩが長期ＲＣＩ付近で反発しているので買い、というトレードができます。このとき、4時間足に時間軸を下げたところ、ＲＣＩは3本とも上昇。タイミングが重なりリスクの少ないエントリーができました。

そのまま**トレンドが継続すると長期と中期、短期の3本のRCIがいずれも天井に張りつく「三重天井」**となります。明確なトレンドの発生です。このときも短期ＲＣＩを見て、「三重天井」から短期線だけがいったん落ちて、再び上昇を始めたところでの買いです。短期線が元に戻る動きを確かめずにエントリーしてしまうと、その後、中期線も落ちてきてしまうトレンド転換、あるいは大きな調整であった場合に損切りとなってしまうからです。「三重天井」の反対が「三重底」で、考え方は同じです。

3本のRCIを使ったトレード

【図12】 **3本のRCIでのエントリー**

3本のRCIの動きがなかなか一致せず、エントリータイミングがつかめない。が、中期RCIが上昇し、長期も上向き、上昇トレンドを示唆。このとき、短期RCIがいったん落ちたところが押し目のサイン

「三重天井」からの押し目買い

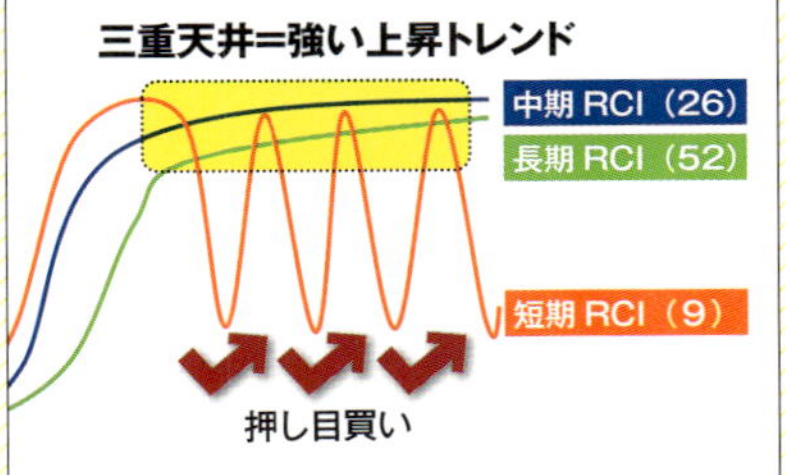

三重天井の強い上昇トレンドのなか、短期RCIが下へと動き、その後、上へ戻る動きをしたときが、エントリーのタイミング

「三重底」からの戻り売り

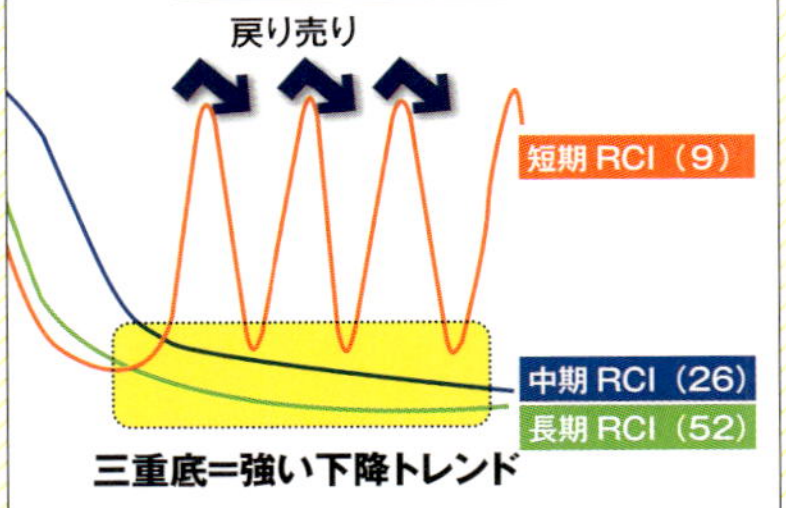

短期RCIが動き、また戻ってきたらエントリー。短期が底から離れた後、中期も動き出す可能性もあるので、〝戻り〟を待つのだ

マルチタイムでチャンスを探す

「三重天井」「三重底」からのエントリーは精度が高いのですが、ひとつ問題があります。

1時間足や15分足の「三重天井」「三重底」なら、短期RCIが動きだすのを待ってからのエントリーで十分に間に合うのですが、日足や4時間足だと張りついている間に50pips、100pipsと動いて、短期RCIが天底から脱するのを待っていると利幅が少なくなってしまいます。

そんなときは一目均衡表の三役好転、三役逆転のときと同じく、**時間軸を落とし、日足を4時間足に、あるいは4時間足を1時間足にと変更**してみてください。

図13はユーロ/円の日足チャートです。点線で四角に囲んだ部分では、3本のRCIが「三重天井」を形成、強い上昇トレンドを示しているものの、RCIだけではエントリーのチャンスがありません。チャート上では四角の部分は小さく見えますが、日足のチャートですからこの間は2週間ほどあります。トレンドが明確なのに2週間もの間、黙って見ているだけというのは非常にもったいない話です。そこで4時間足に時間軸を落として、同じように3本のRCIを見てみます(図14)。

すると、日足では天井に張りついたままだったRCIの様子が異なります。「三重天井」から短期RCIが押し目に反応して動いてくれているのです。

こうした短期RCIが押し目を示唆する場面で買っていけば、日足では手を出せなかったチャートでも、エントリーが可能になります。

日足、4時間足の三重天井・三重底はマルチタイムで判断

【図13】

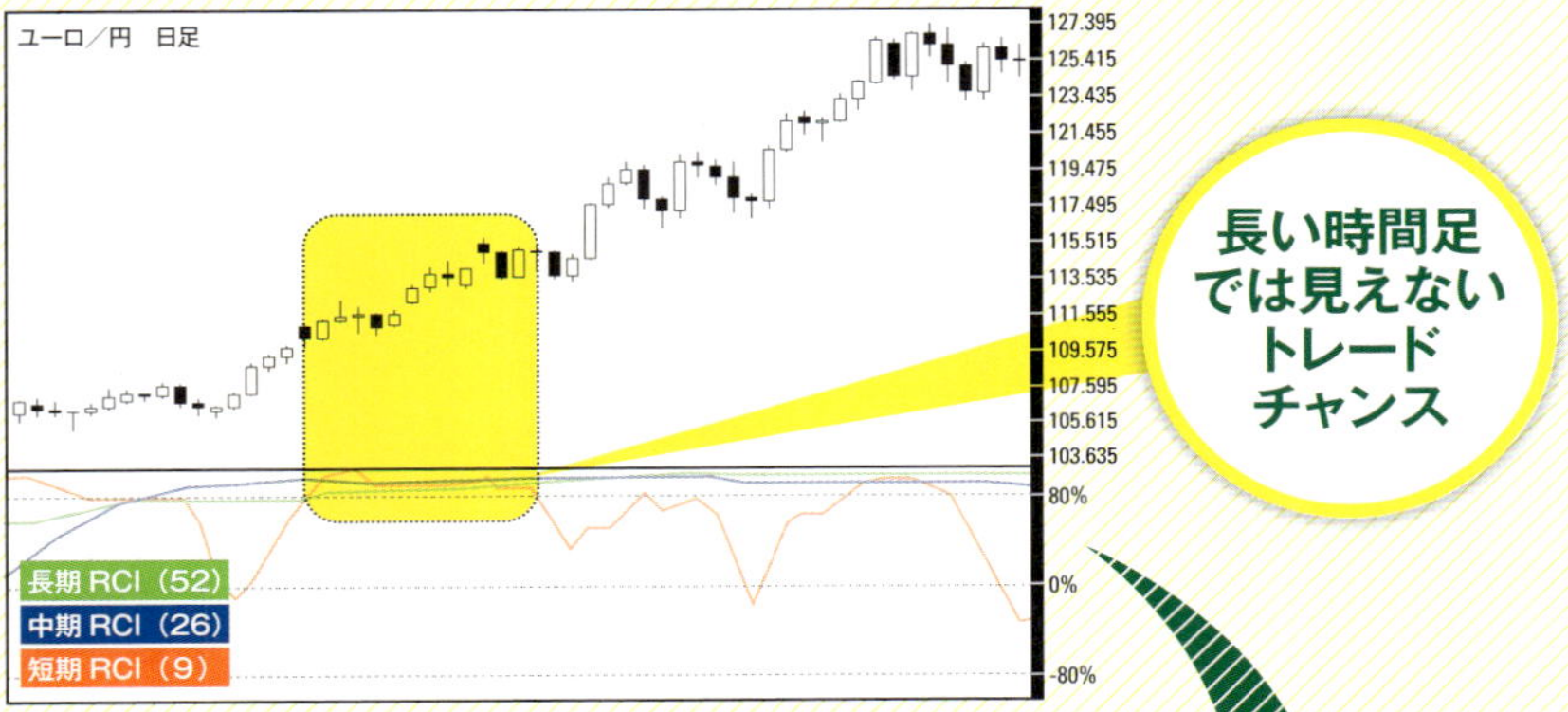

日足で「三重天井」完成！　が、上昇トレンド中だということはわかっても、エントリーのタイミングがわからない

4時間足で
押し目を見つける

【図14】

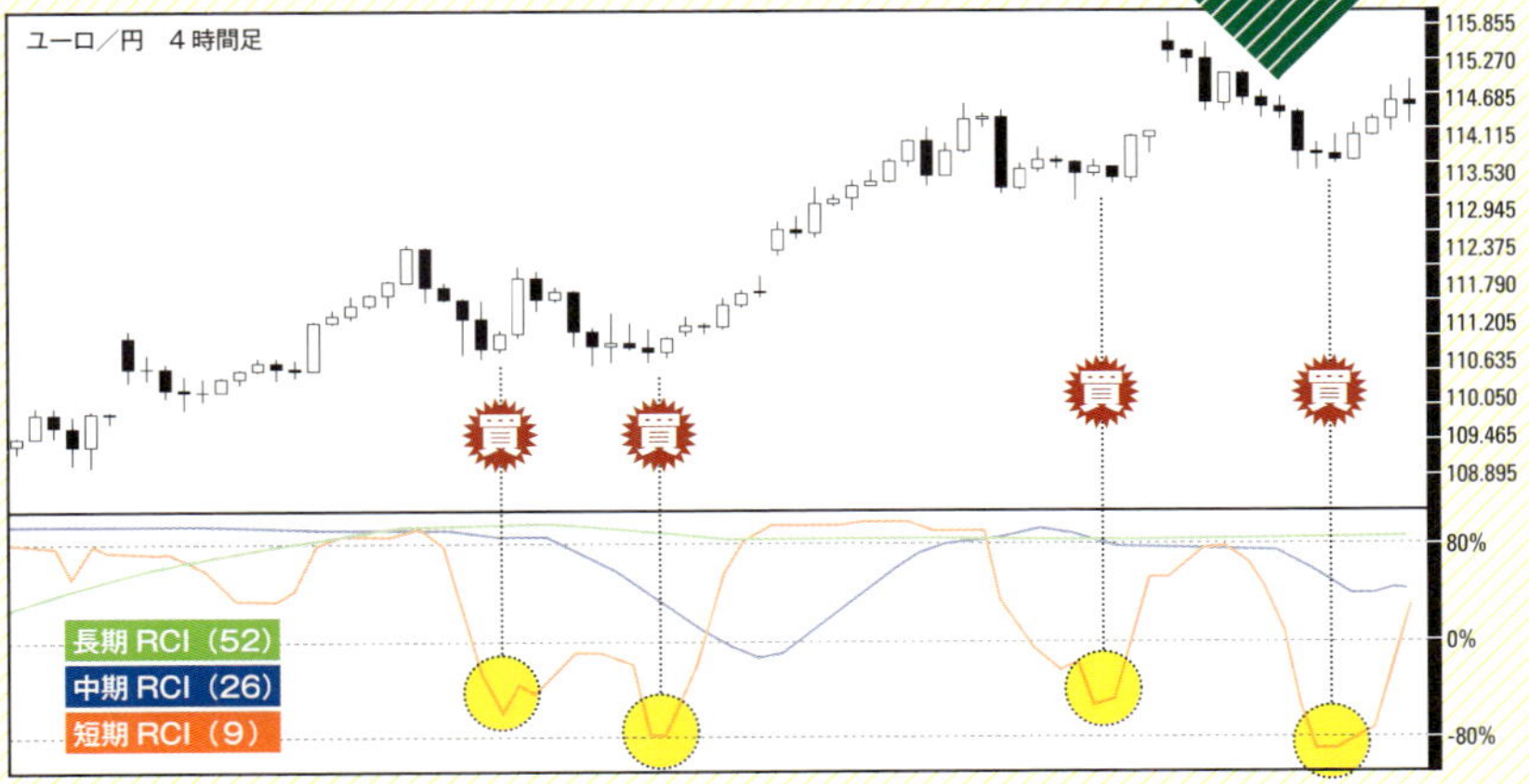

時間軸を下げて4時間足にしてみると、短期RCIが上下に大きく動いている。「三重天井」から短期が底に向かい、再び上昇したときなど、短期RCIが押し目買いのタイミングを知らせてくれる

「RCI」に「一目均衡表」を加える

ＲＣＩの話が長くなりましたが、一目均衡表との併用という最初の話に戻しましょう。三役好転で強いトレンドを確認したら、ＲＣＩをチェックしてみてください。「三重天井」から短期ＲＣＩが下に落ちてから上に戻るところで拾って買うといった発想で考えることができます（図15）。**一目均衡表の「三役」とRCIの「三重底」「三重天井」との方向性の一致が、エントリーの安心感**を高めてくれます。

また、**三役好転、三役逆転の信頼度を長期RCIで確認**することもできます。図16はポンド／米ドルの日足で一目均衡表が三役逆転しながら下値が伸びず、下げ渋っています。三役逆転が強いトレンドのサインといえどもテクニカルのシグナルは常に完璧なものではありませんから、本当に下降していくのか、ちょっと自信を失いそうになる場面です。

ところが、ＲＣＩの中期線と長期線を見ると、中期線は底にあり、長期線も底に向かって下げており、「まだ下げが続くんだな」と自信が持てますし、実際このあと大きく下落します。

このときにどこで売るか？　時間軸を落として、ローソク足が一目均衡表の基準線まで戻るのを待って売ってもいいですし、そこにＲＣＩをあわせて見ることでよりタイミングがとりやすくなります。

図17は4時間足に時間軸を下げたものですが、基準線までの戻りと、ＲＣＩの「三重底」からの売り場と、タイミングが一致しているのが確認できます。**複数のテクニカルが同じことを示せば確率も当然高く**なります。僕はこうしたポイントを探すようにしています。

一目均衡表とRCIのダブル使い

【図15】 方向性の一致で安心エントリー

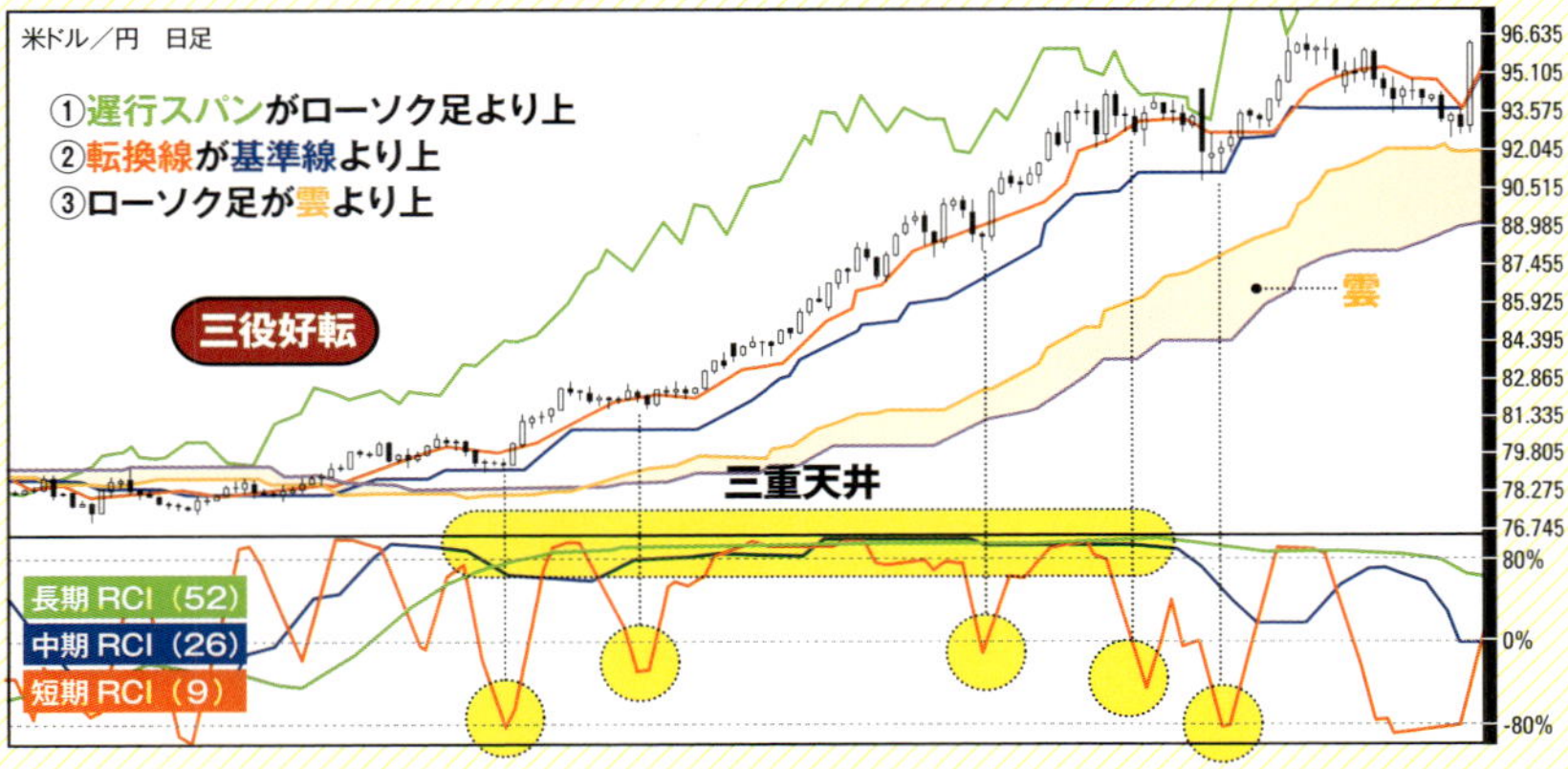

【図16】 三役をRCIで確認

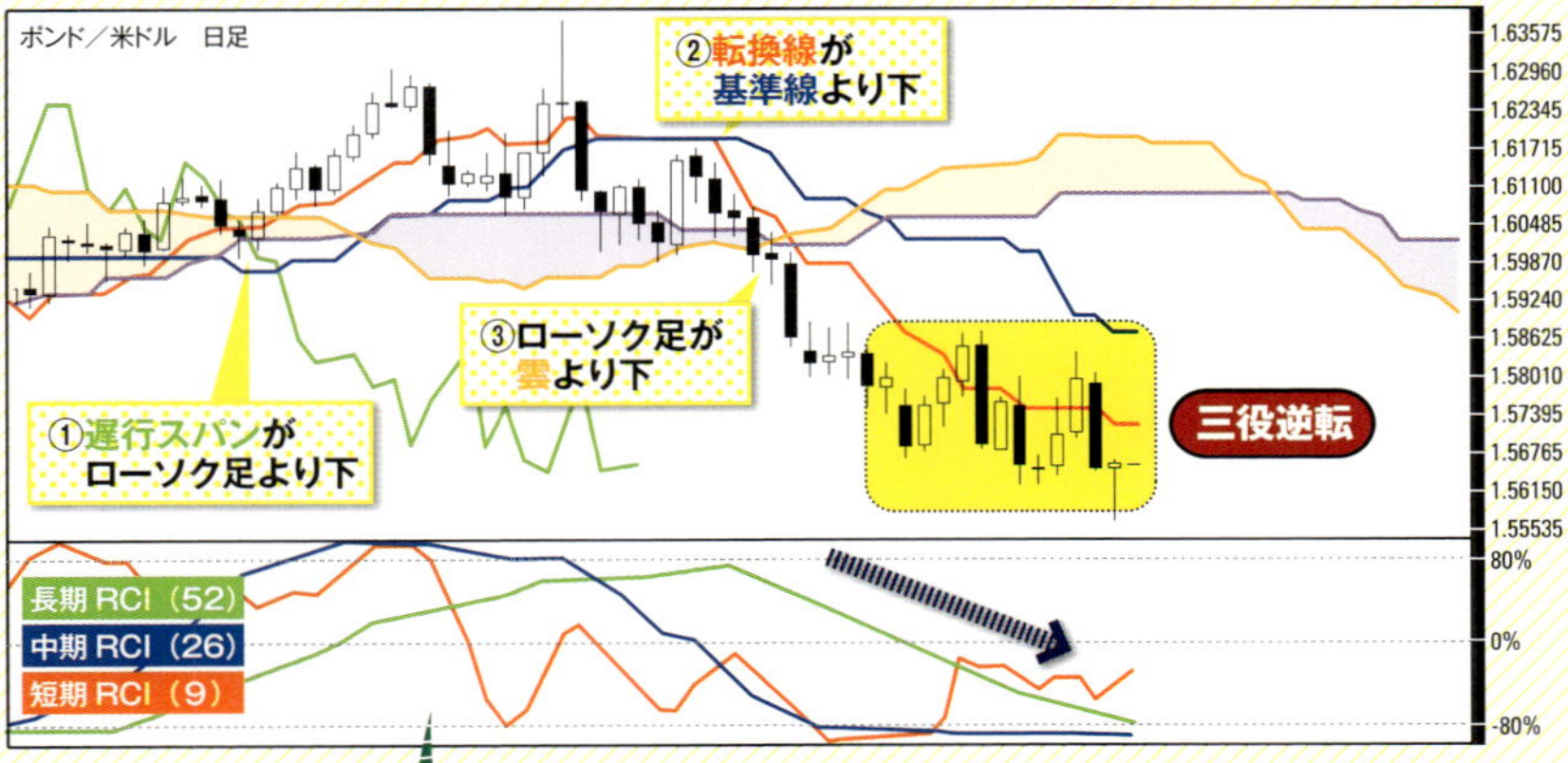

エントリーのタイミングは時間軸を落として

【図17】

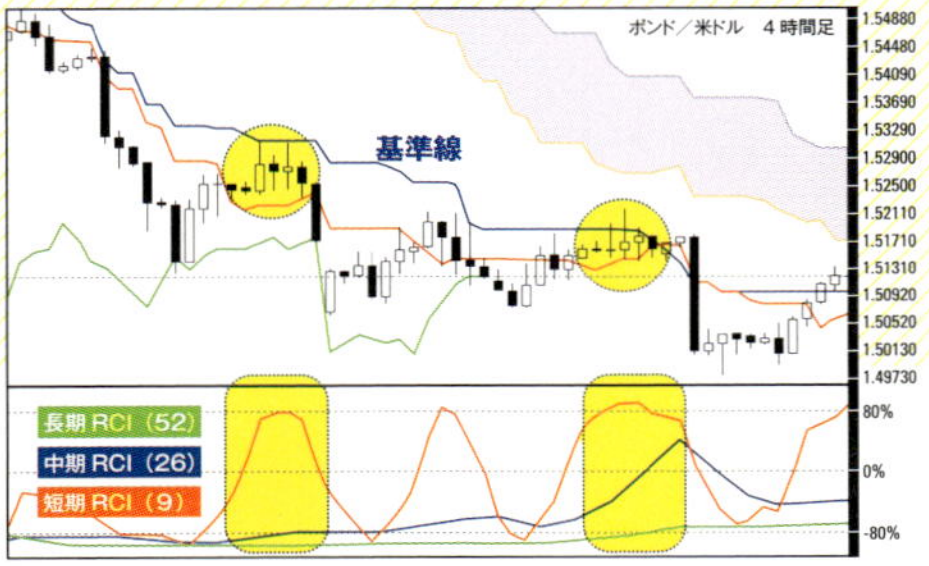

“ sequence of numbers $\{F_n\}_{n=1}^{\infty}$ ”

Fibonacci number

Chapter 6
ディナポリ・チャート

大きな方向性とトレンドを見極める

ディナポリ・チャート

アメリカの著名な投資家に、ジョー・ディナポリがいます。現役のトレーダーであり、40年以上の相場歴で培った経験と手法、相場観を、アメリカをはじめ広く世界で指導している人物で、日本でも書籍などが出ていますから、ご存じの方もいるかもしれません。

彼が手がけるマーケットは幅広く、株式から株価指数、コモディティ、そしてもちろん為替市場も彼の重要なターゲットです。また、金融機関出身ではなく、個人投資家から現在の地位を築いたとされる異色の経歴の持ち主でもあります。

果たしてディナポリが相場でどのくらい稼いでいるのか、僕は正確な数字を知りません。最近ではタイのバンコクに豪華なマンションを購入して、そこでトレードしているといった話も伝え聞いたりしますが、僕にとって大切なのは「ディナポリがどのくらい稼いだか」よりも「ディナポリがどんなトレードをしているか」です。

僕が彼を知ったのは2年前の投資セミナーがきっかけでした。講師として呼ばれたセミナーに、たまたまディナポリも呼ばれていたのです。彼のセミナーを聞くと使っているテクニカル分析や手法は違っていても、根本的な考え方は僕と非常に似ていることに気がつきました。

ディナポリのスタイルは、**マーケットの大きな流れを見つけて、その方向に押し目買い、または戻り**

売りを繰り返す順バリトレードです。

僕が経験として培ってきた「感覚」のようなもの、自分のなかに「定番」として持っている、それでいて言葉で説明しづらくもどかしさを感じていた「勝ちパターン」を、ディナポリは彼独自のテクニカル分析を使ってルール化してくれていました。

そのルールは視覚的に明快で、僕自身、皆さんに説明しやすく、個人投資家には非常にわかりやすいものです。

僕が発行するメルマガで、購読者専用掲示板に「ディナポリスレッド」を用意したのも、個人投資家の方が取り入れやすい手法だと考えたためです。

本章では、ディナポリがどんな考え方で売買しているのか、彼がカスタマイズした「ディナポリ・チャート」を使ったトレード手法を紹介していきたいと思います。

MT4標準装備のディナポリ・チャート

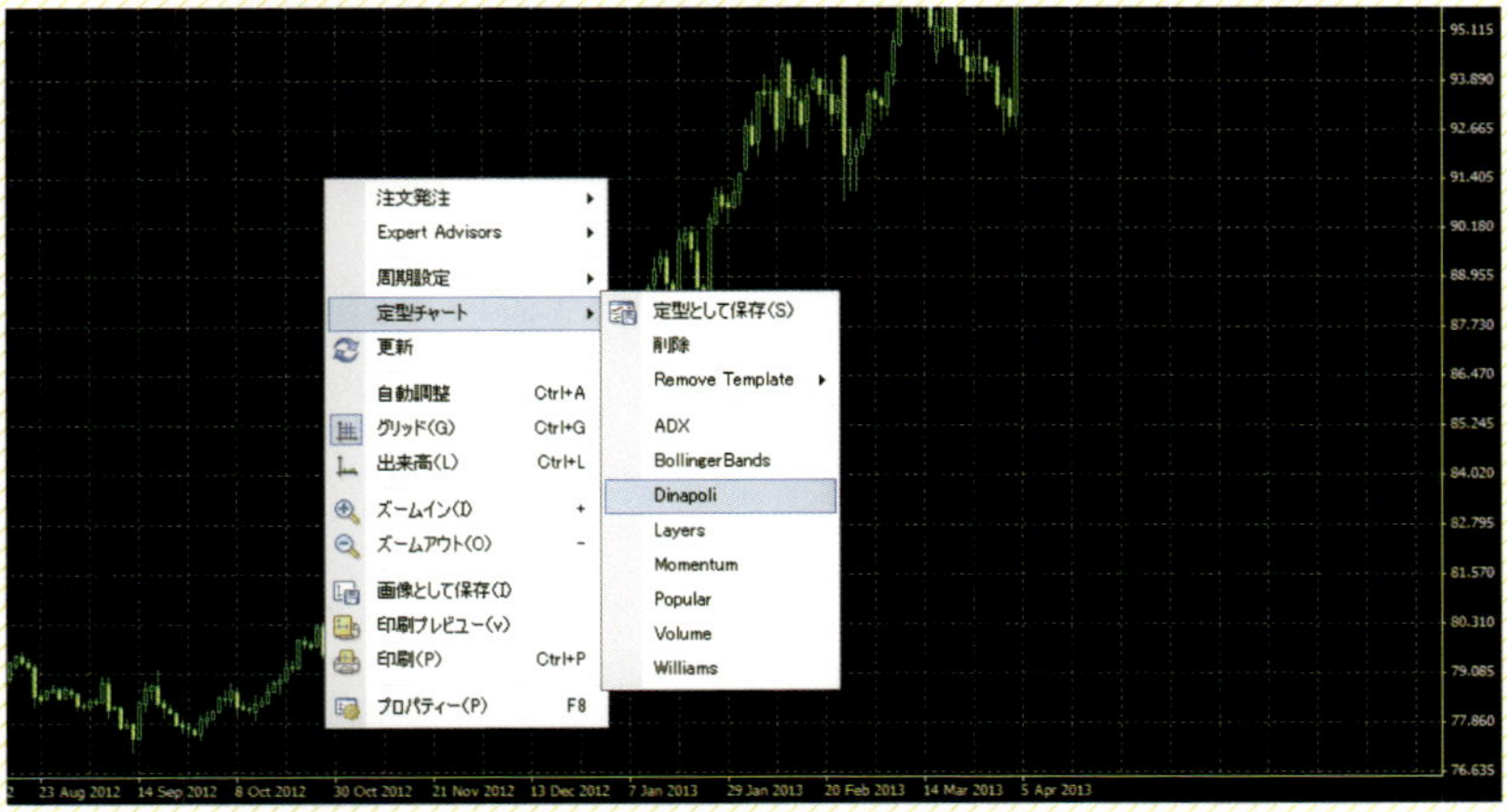

右クリックメニューの「定型チャート」から「Dinapoli」を選択するだけ

DMA（ズラした移動平均線）とフィボナッチ

彼の「ディナポリ・チャート」は少し独特です。**チャートに表示させるのは3本の移動平均線とMACD、それにストキャスティクス**です。いずれも少しテクニカル分析をかじったことがある人なら聞き覚えのある馴染み深いものばかりですが、これらすべてにディナポリは独自のアレンジを加えています。

とくに〝ひねり〟を利かせているのが移動平均線です。

通常の移動平均線はMoving Averageの頭文字をとって「MA」、あるいは単純（Simple）移動平均線の頭文字で「SMA」と呼ばれますが、ディナポリ・チャートで表示されるのは、通常の移動平均線を先行させたものです。この**先行させた移動平均線は「DMA」**と呼ばれます。Displaced Moving Averageの略で、MAをDisplaced＝ズラしたということになります。

移動平均線の変数の設定は通常ひとつで、「過去〇本の価格で平均を計算するか」だけなのですが、DMAでは設定する変数が2つあります。「過去〇本の価格で平均を計算するか」と「〇本分先行させるか」の2つです。

ディナポリ・チャートでは3本の移動平均線（DMA）を使いますが、それぞれに設定する変数が決まっていて、「3×3」「7×5」「25×5」の3本です。「7×5DMA」は「過去7本分のローソク足で計算した単純移動平均線」を、「ローソク足5本分だけ先行させる」という意味になります。言い換えると、期間を「7」に設定したSMAを、ローソク足「5本分」右にズラしたということです。

つまり、ローソク足の動きに先行して動いてくれるのがDMAであり、3本のDMAのうち、3×3

DMAは期間が一番短いので短期の動きを示します。

強い上昇トレンドが続いていると、ローソク足はSMAを割り込むことなく、上昇を続けていきます。ただ、マーケットでは上昇トレンドの途中で「ちゃぶつき」、つまり一時的に横ばいになったり、少し下落することがあります。

上昇トレンドの途中で「ちゃぶつき」があると、ローソク足がSMAを割り込んでしまうことが起こります。これは当たり前のことです。SMAは「相場がどのような状況にあるのか」を教えてくれるものなので、「今は横ばいだ」と現状を示すわけです。

ただ、ここでトレーダーにとってより気になるのは、「ちゃぶついたあとも上昇トレンドが続くのかどうか」です。トレンドが継続するか、転換の兆しかは大きな違いだからです。ここでDMAが役に立つのです。

[図1] ズラした移動平均線「DMA」

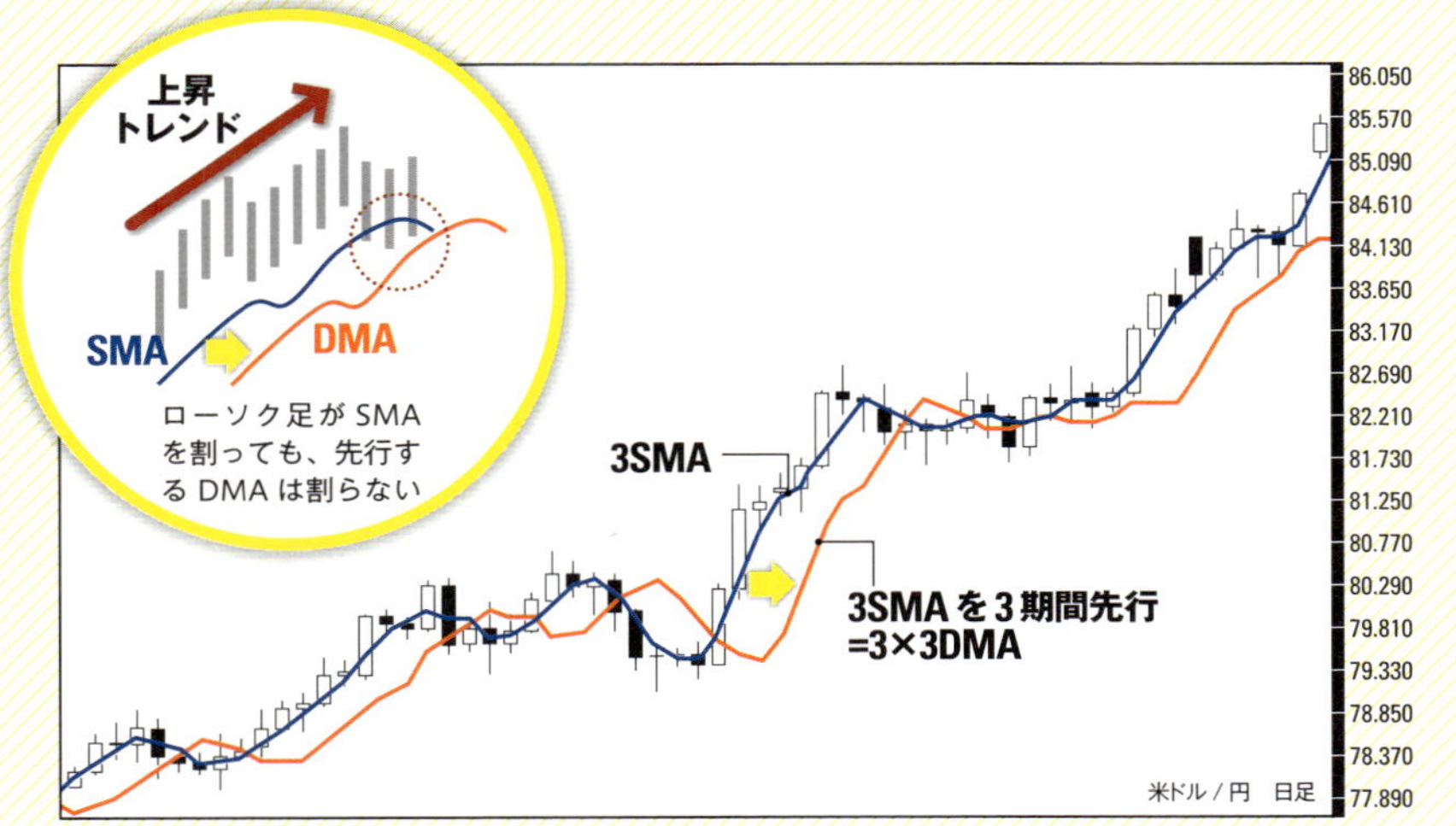

ディナポリ・チャートの3本のDMAのうち、もっともよく使うのは3×3DMAですが、これを使ってちゃぶついた場面のローソク足を見ると、「3SMAは割り込んでしまっているが、3×3DMAは割り込まない」といったことがよくあります。DMAはこうした「ちゃぶつき」の回避に有効とされています。

また、ディナポリはフィボナッチを使うトレーダーとしても有名です。投資分析で使うフィボナッチには、アーク、サークルズ、ファンなどさまざまな種類がありますが、彼が使うのはリトレースメントとエクスパンションの2つです。エントリー・ポイントを探すのにリトレースメントを使い、利益確定目標値を決めるためにエクスパンションを使います。

またMT4でフィボナッチ・リトレースメントを使うと、いくつかのフィボナッチ等級の数値が出てきますが、ディナポリが使うのは38・2%と61・8%だけ。MT4なら「Fiboプロパティ」を開いて、使わないフィボナッチ・レベルは削除しておくと便利です。ただ、僕はこれに加えて、50%も使う場合があります。為替市場での半値戻しは経験上、意識したほうがいいと思っているからです。

利確目標となるフィボナッチ・エクスパンションでは、第一目標であるCOP（Contracted Object Point）として0・618、第二目標となるOP（Object Point）は1・00、第三目標XOP（Expanded Objective Point）は1・618です。エクスパンションではこの3つしか使いません。こちらはMT4のデフォルトのままで大丈夫です。のちほど解説もしますが、フィボナッチはディナポリ・チャートでの重要なツールなので、ぜひ覚えておいてください。

「スラスト」を探せ！

強いトレンドが発生、継続すると、チャートには急騰や急落を示す「スラスト」（thrust）が出現します。

強いトレンドができたとき、ローソク足は3×3DMAを割ることなく推移していきます。上昇トレンドなら、3×3DMAは上方向へと向かい、かつローソク足は3×3DMAの上側にあります。下降トレンドなら3×3DMAが下向きになるとともに、ローソク足は3×3DMAの下側で推移します。

トレードの機会となるようなスラストは、少なくとも8本以上のローソク足が3×3DMAを抜けることなく動いている状態です。ローソク足8本分ということは日足なら8日以上、1時間足なら8時間以上続いているようなトレンドです。

［図2］3×3DMAに沿った強いトレンドが「スラスト」

「3×3DMAを抜けることなく」というのは曖昧な言い方ですが、基本的には終値が抜けることがなければスラスト継続と考えていいでしょう。また、終値が3×3DMAを抜けてしまっても1、2本程度で、抜け幅も狭く、勢いが続いていれば許容範囲としています。

このあたりのスラストの判断は数値化するには難しく、コンピュータ取引やシステム化しにくい点が裁量トレーダーに有利だとディナポリは言っています。

「スラスト」発見！　まずは「シングル・ペネトレーション」

ではディナポリ・ツールを使った具体的なトレード・パターンとなる手法を紹介していきましょう。スラストが発生しているときは、強いトレンドが発生中ということですから、考え方としてはトレンド順バリ。上昇スラストなら買い、下降スラストなら売りが原則となります。しかし、ディナポリは押し目買い、戻り売りを基本としています。ただ単にトレンドに乗るのではなく、トレンドの途中にできる小さな反転の動きから、DMAやフィボナッチを使って押し目買いや戻り売りを狙っていきます。

なかでも、その勝率のよさに、ディナポリが「天の恵み」と称した手法が、これから説明する「シングル・ペネトレーション」です。

ペネトレーション（Penetration）とは「貫通」。何を貫くかといえば、3×3DMAです。スラストしていたローソク足が3×3DMAを貫いて抜けたとき、シングル・ペネトレーションとなる可能性を考えます。チャートにフィボナッチ・リトレースメントを引き、エントリー・ポイントとなる押し目や戻りの目安を確認して、準備します。

小さな“戻り”を狙う「シングル・ペネトレーション」

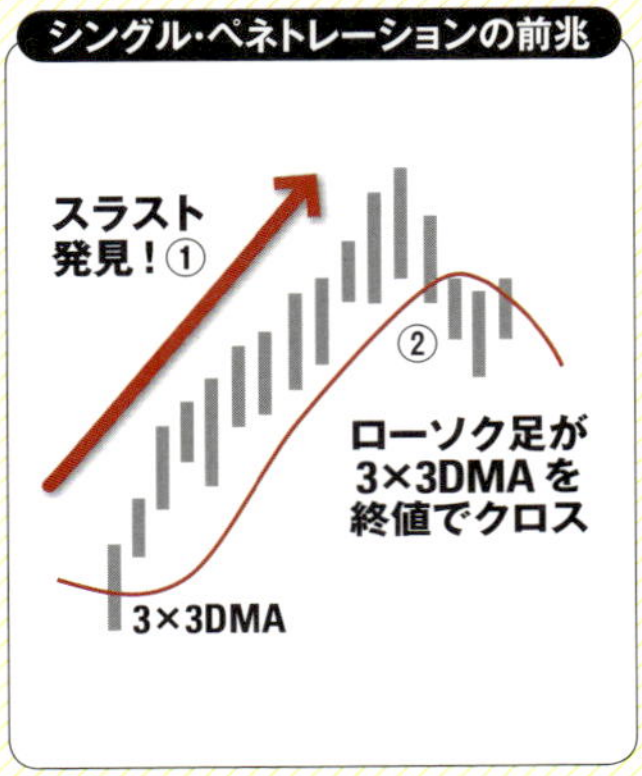

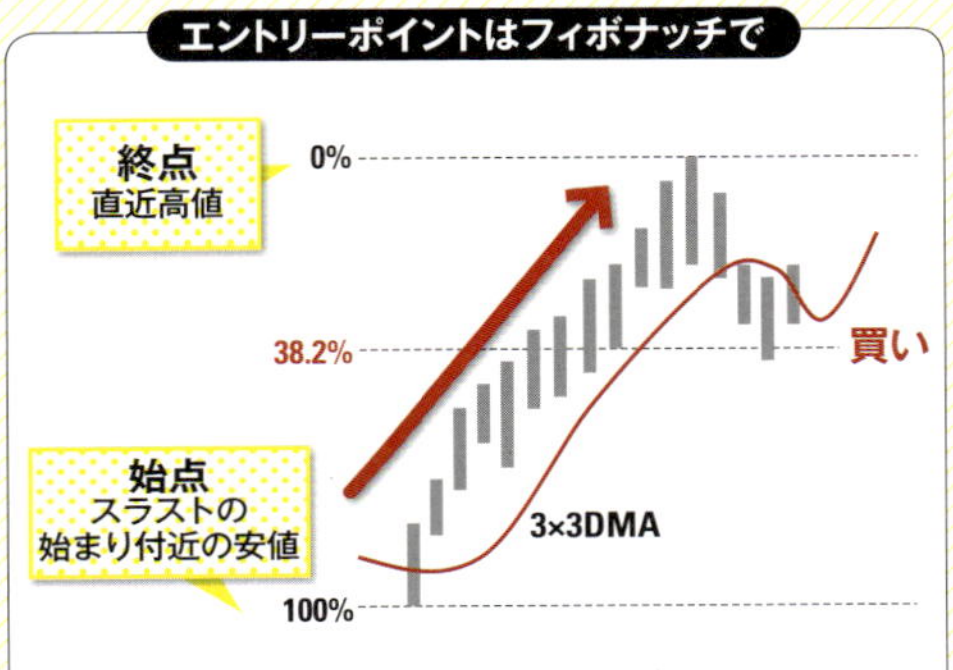

下降スラストの場合は、この逆となる

【図3】

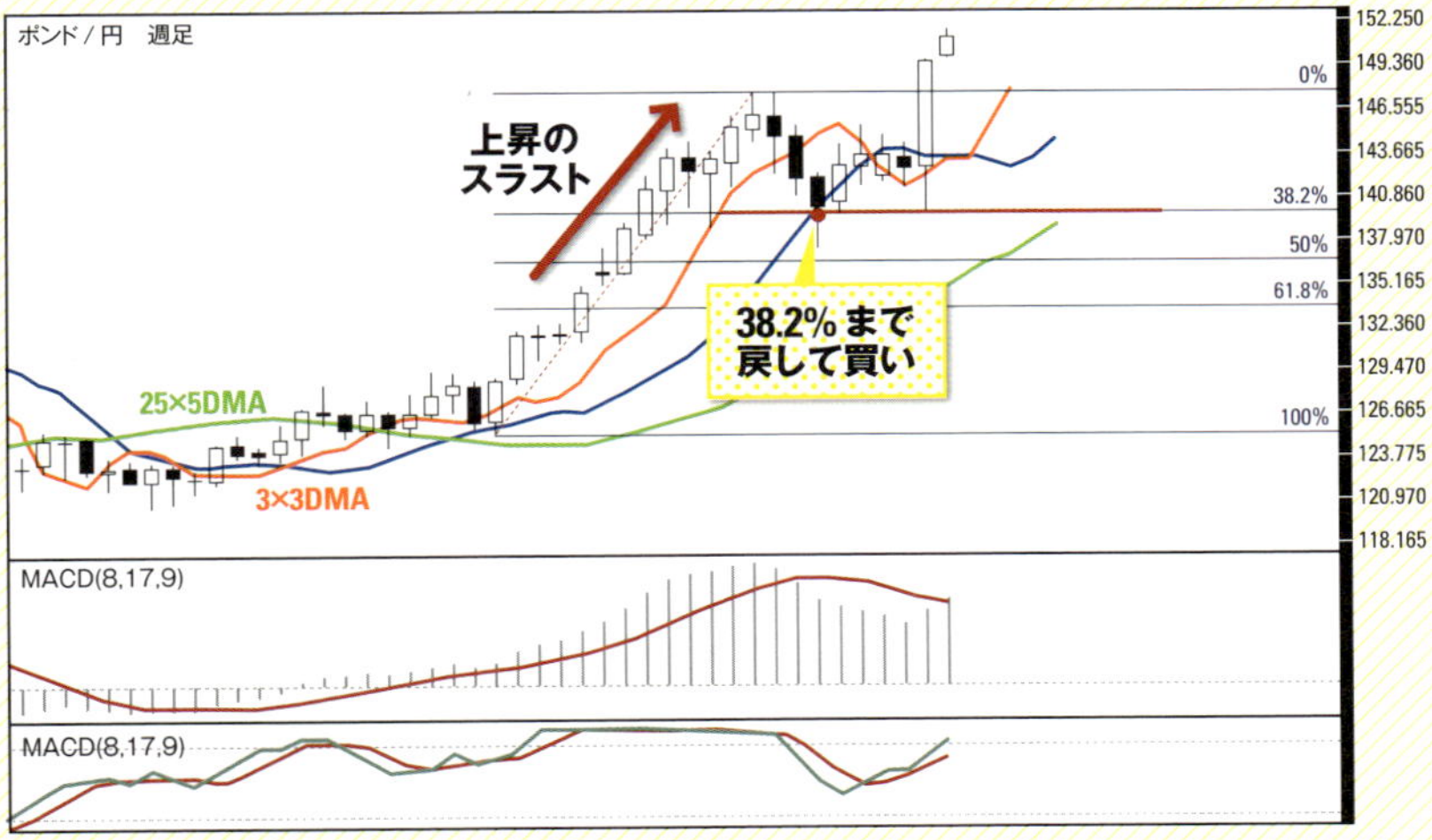

スラストをのあと、3×3DMAを割り込んだら、フィボナッチ・リトレースメントでエントリーポイントを探す。上昇トレンドの場合、スラストの始まり付近の安値から直近高値でリトレースメントを引き、その32.8%が押し目の目安となる

フィボナッチ・リトレースメントの起点となるのは、上昇トレンドの場合はスラストの始まり付近の安値で、直近の高値へフィボナッチを引きます。逆に下降トレンドの場合は、スラストの始まり付近の高値から直近の安値を結びます。

この高値と安値で引いたフィボナッチ・リトレースメントで、注目するのが38・2％のポイント。そこが押し目または戻りの目安となり、つまりはシングルペネトレーションのエントリー・ポイントとなります（図3）。

38・2％のポイントにあらかじめ指値注文を入れてもいいでしょうし、チャートをずっと見ていられるのなら38・2％を割る動きを見つつ、押し目の安値・戻り高値が形成されたのを確認し、再びスラスト方向へ動き始めたのを確かめてから、慎重にエントリーしたほうがいいでしょう。もし相場の押し目や戻りが目安となる38・2％に届かなければ、マーケットは引き続きスラスト方向への勢いを取り戻し、再び3×3DMAを越えてスラストが始まる可能性を考えます。

「シングル・ペネトレーション」の損切り

スラストを割る動きがすべて押し目・戻りになるわけではありません。フィボナッチ・リトレースメントの38・2％でエントリーしたあとに、再びトレンドの方向へ動けばシングル・ペネトレーションで利益確定となる可能性が高まりますが、そうならない場合もあります。

ですから、エントリーの際には必ず損切り用の逆指値注文も入れておきましょう。ディナポリはフィボナッチ・リトレースメントでは38・2％と61・8％しか使いません。エントリー・ポイントとして38・

2%を使ったので、損切りポイントは61・8%となります。損切りは終値で61・8%を抜けてしまうかどうかですから、現実的には61・8%より数pips離して逆指値を置くということになります。

ただ、僕は61・8%ではなく、手前の50%を使う場合もあります。僕は外出中も含め、基本的にはマーケットをずっとフォローしていますので、スラストから3×3DMAを抜ける動きとなって38・2%でエントリーしていても、元のトレンド方向に動かずに反転となりそうな場合や、ボラティリティが高い場合などでは、61・8%の損切りを待たずに、50%付近を大きく抜ける動きで損切りすることもあります。このあたりは機械的ではありませんので、50%を損切りポイントとして使う場合は相場の値動きに慣れる必要があるでしょう。

マーケットをずっと見ていられない方は、レバレッジを下げたうえで、機械的に38・2%にエントリー注文を置き、61・8%の外に損切りを置いておくというスタイルが適しているのではないでしょうか。

「シングル・ペネトレーション」の利益確定

シングル・ペネトレーションの利確ポイント（リミット）ですが、使うのはやはりフィボナッチ・リトレースメントです。とはいえ、先ほど引いたフィボナッチではなく、新たにもう一度、別の始点・終点でフィボナッチ・リトレースメントを引き直します。

上昇トレンドで押し目買いする場面での利益目標値は、始点として直近高値＝最初に引いたリトレースメントの終点を使います。そしてフィボナッチを引く先は、押し目となった直近安値です。この安値は通常、最初のフィボナッチの38・2%より下になるはずです。上昇スラストの38・2%以上の戻しになっていなければ、そもそもシングル・ペネトレーションのエントリー条件が成立していないからです。

逆に下降トレンドで戻り売りする場合は、最初のフィボナッチの終点である直近安値から戻り高値の間でフィボナッチ・リトレースメントを引きます。

エントリーとリミットのフィボナッチ・リトレースメントを引く方向は、どうにもわかりにくいようで、間違えてしまう人が多いようなので、気をつけてください。

最初のフィボナッチ・リトレースメントは、スラストしていたトレンドが「どこまで押すか（戻るか）」を見ています。ですから、とりあえずのトレンドの終点である直近の高値（または安値）を0％にしたフィボナッチを引き、38・2％まで戻したところでエントリーしたわけです。

これに対して、2回目のリトレースメントは押し目の安値（または戻り高値）ができたあと、前回の高値（または安値）まで戻っていく途中の61・8％を利益目標として探すものです。

押し目買いまたは戻り売りで、元のトレンド方向に戻るなら、利益確定は61・8％より先の100％となる前回の高値・安値や、もっと先のポイントをリミットにしてもよさそうにも思います。このほうが利益は増えますから。しかし、シングル・ペネトレーションは保守的な考え方による手法で、「トレンド方向へ動く確率は高いが、必ずしも前回高値・安値を更新して、新高値・新安値をつくるとは限らない」と、慎重に61・8％をリミットとしているようです。

2つのリトレースメントの引き方ですが、MT4などを使っている人なら、押し目買いのエントリー・ポイントは「左の安値から右の高値」で引いた38・8％、損切りは61・8％の外。リミットは「左の直近高値から右の押し目安値」へと引いた61・8％となります。戻り売りの場合はこの逆です。

「シングル・ペネトレーション」は利確もフィボで

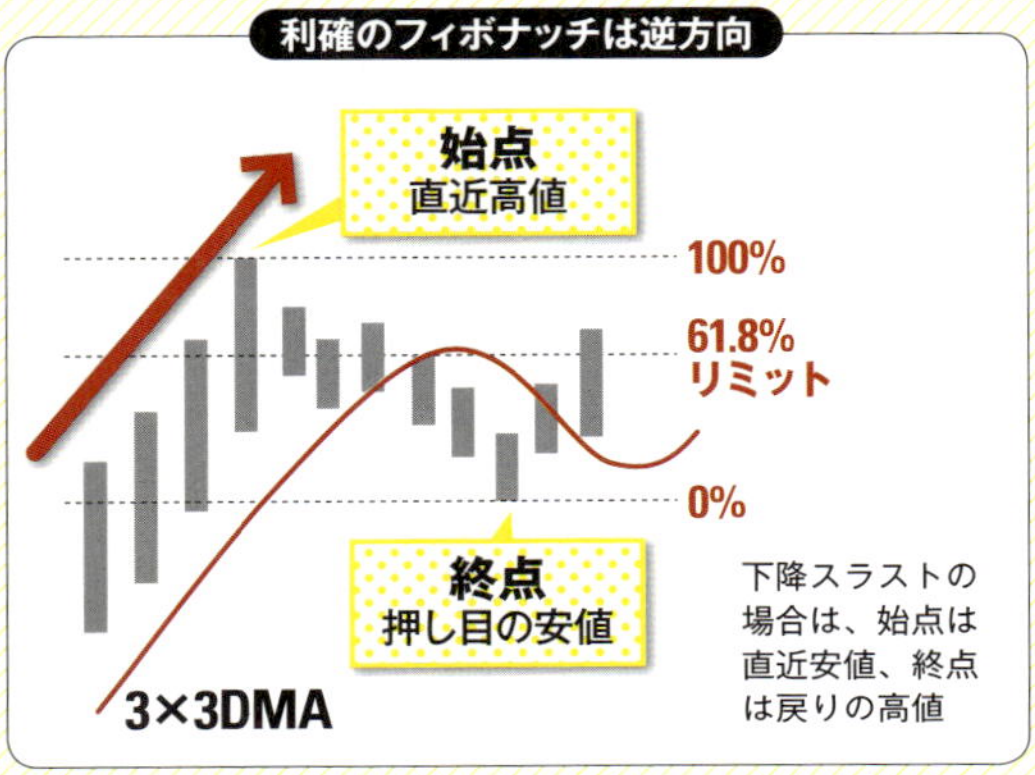

【図4】

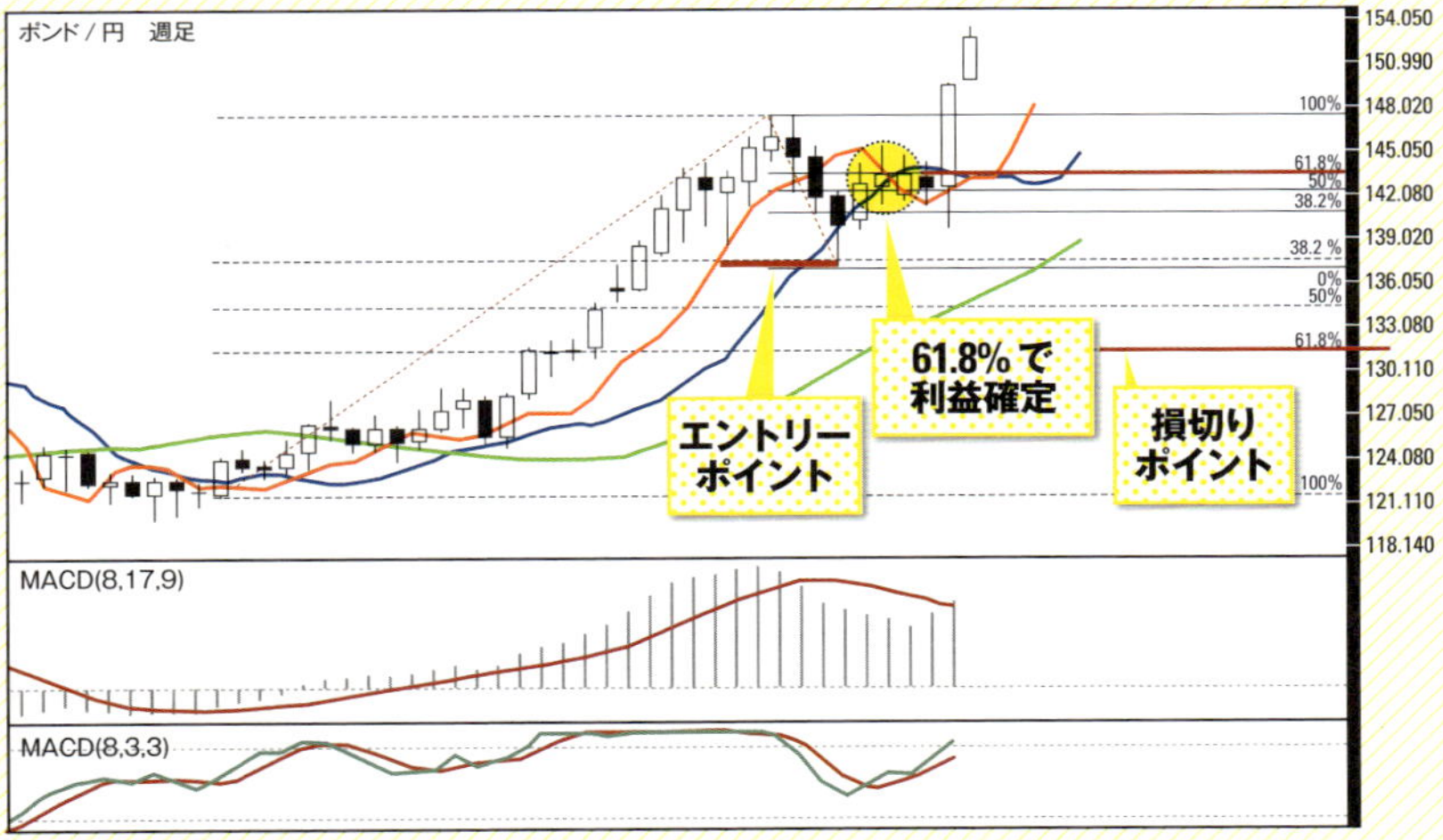

最初に引いたリトレースメントの61.8%の外に損切りの逆指値を置く。利益確定のポイントは、上昇トレンドの場合、直近高値から押し目となった直近安値で引いたリトレースメントの61.8%。2つのリトレースメントは、チャートに表示する色を変えておくとわかりやすい

マーケットの転換を狙う「ダブルレポ」

シングル・ペネトレーションをたとえて、ディナポリは「ブレッド&バター」と表現しています。毎朝の朝食にあるパンとバターのように、日常にあるトレードがシングル・ペネトレーション。日本的にはごはんと味噌汁のように、どこにでもある当たり前のものということのようで、日足以下の時間軸でも使うことができます。

対して、これから紹介する**「ダブルレポ（Double Repo）」**は、誕生日や結婚記念日など特別な日だけの豪華なフルコースといったイメージで、たまにしかないものです。

ダブルレポは**相場の大きな方向転換を3×3DMAで見測る**ものです。ただ、マーケットの大きな方向転換のサインですから、ディナポリは日足以上で使っているようです。僕は4時間足でも使える場合もあると思いますが、それより短い時間軸ではそもそも「マーケットの大きな方向の転換」ではないのかもしれません。

ダブルレポのきっかけとなるのは、シングル・ペネトレーションと同じく、8本以上続いたスラストの後の3×3DMA割れですが、日足以上と時間軸が定められている点がシングル・ペネトレーションとは違います。

また**「8本以上のスラスト」というのはあくまでも最低条件で、望ましいのは「15本以上のスラスト」**です。ダブルレポは方向の転換を見つける手法です。直前のスラスト本数が多いほど、つまりは前回の方向が長く続いたあとほど、その信頼性が高くなるのは、相場が上げきったり下げきったあとの反転の動きだと考えると、理解しやすいと思います。

図5のチャートを見てください。これは豪ドル／円の日足チャートです。

20本ほどのスラストが続き上昇したあとに、3×3DMAを下抜けています。この時点では、まだ最初の3×3DMAの下抜けなので、ダブルレポではなくシングル・ペネトレーションの可能性を考慮する段階です。

チャートには詳細が書かれていませんが、3×3DMAを割ったローソク足は、長い陰線となり38・2％戻しします。そこで下げ止まり、その押し目からスラストの方向へ上昇。シングル・ペネトレーションが61・8％で完成し、そのあとは上伸して3×3DMAを上抜けてさらに上昇。しかし前回高値を超えた付近で力尽き、

［図5］方向性の転換を見つける「ダブルレポ」

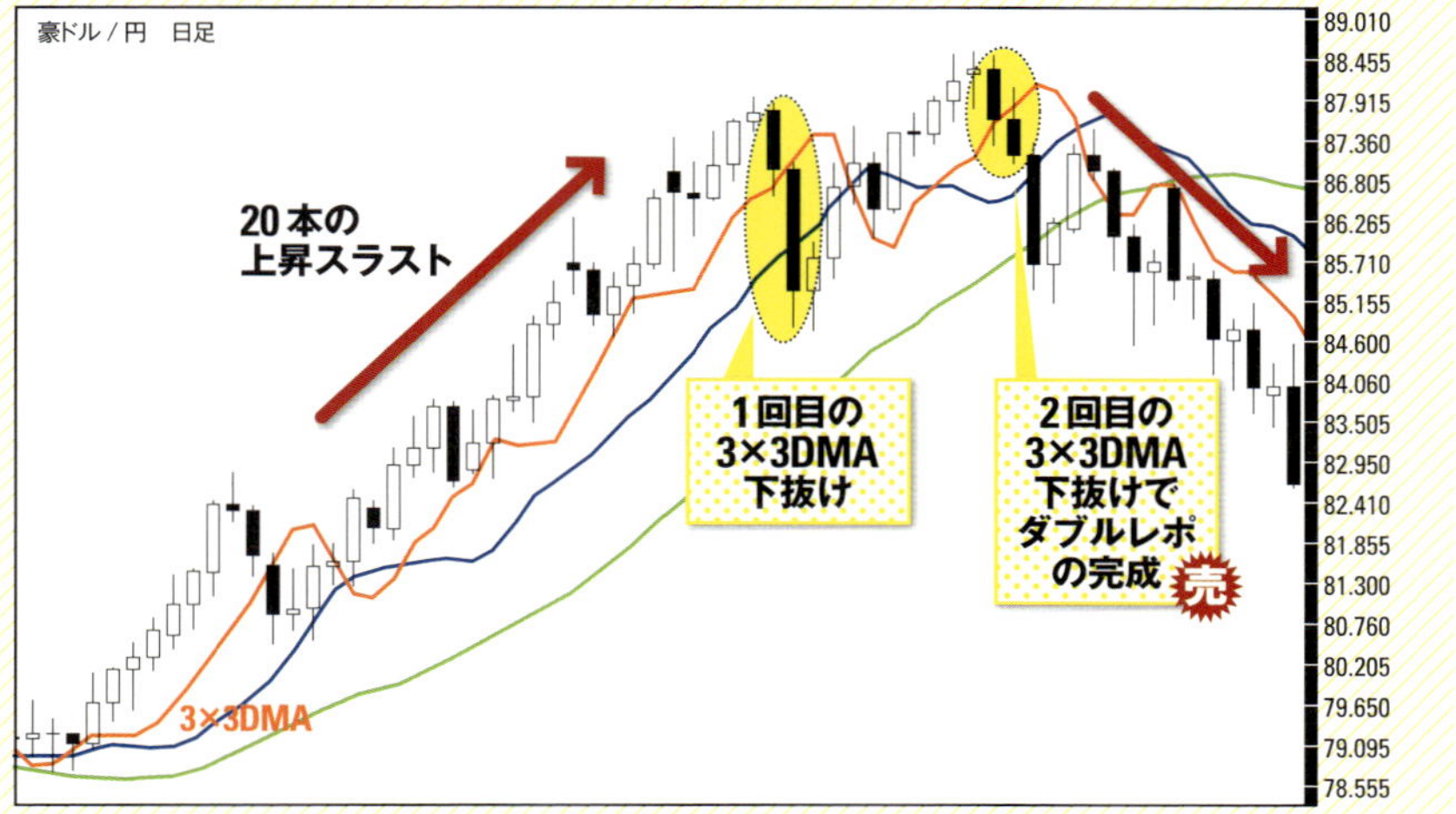

再び3×3DMAを下抜けてダブルレポとなっています。

ダブルレポはダブル・リ・ペネトレーション（Double Re Penetration）ともいい、**3×3DMAを2回貫通する動き**、ということです。

チャートの形としては、ダブルトップやダブルボトムの一種が「ダブルレポ」ですが、ダブルレポには2つの条件があります。1つ目は、3×3DMAを抜ける動きの1回目と2回目の間隔です。

僕は、他の要因も見ながら間隔が11本～12本程度なら許容範囲だと考えていますが、ディナポリは「10営業日以内」とルールづけ、3～4営業日が望ましい、としています。

また2つ目の条件は2つの天井または底となる値が近くなければなりません。

シングル・ペネトレーションしてから10本以内に2回目の3×3DMA抜けがあり、その2つの高値（または安値）が近ければ、ダブルレポの可能性が濃厚ですから、マーケットの大きな方向性が転換したと見て、抜けた方向についていきます。

上昇スラストからのダブルレポなら売りですし、下降スラストからのダブルレポならば買いです。

ここでも2回目の3×3DMAを抜けたかどうかは、終値で判断することにも気をつけてください。

またダブルレポが完成したらすぐにその時間軸で取引するわけではありません。ダブルレポは大きな方向転換のサインなので、トレードでは時間軸を下げ、ダブルレポで示された新たな方向で押し目買いや戻り売りをします。

「ダブルレポ」の損切りと利益確定

ダブルレポだと思いきや元のスラスト方向へと戻ってしまった場合は、損切りです。ダブルレポで新たな方向にトレードする場合は時間軸を下げたので、その時間軸での損切りポイントがあるはずです。

一方、利益確定ですが、図6のように、下降スラストからのダブルレポで上昇へと方向転換したのなら、新たに発生した上昇スラストが続いている限りはポジションを持ち続けていいと思いますし、時間軸を下げたりしながら、基本的には押し目買いをしていくことになります。

僕の場合はコアとなるポジションを持ちつつ、ポジションを増減していったりします。その際は、フィボナッチ・エクスパンションを使い、利確目標値を計算したり、3×3DMA以外の2本のDMAを目安にして利確するなどの方法

［図6］「ダブルレポ」の利益確定

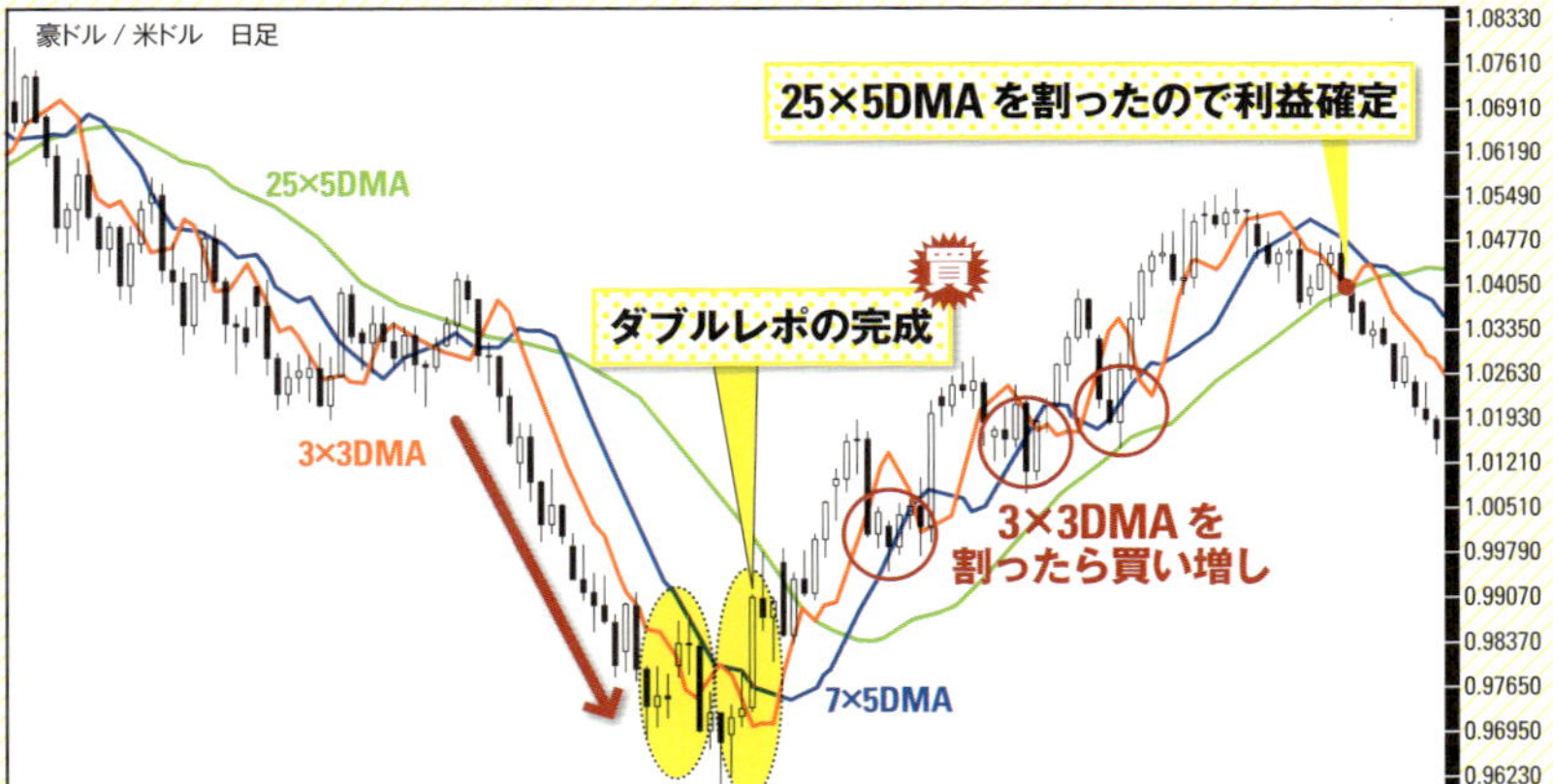

をとっています。

非常に魅力的なダブルレポですが、市場の方向性が転換するときに必ず起こるわけではありません。むしろ、ダブルレポを起こさずにすぐに転換したり、ずっと揉み合ってから転換することも多いのです。ダブルレポが豪華なディナーにたとえられるのはそのためです。

DMAを使った押し目買い・戻り売り

ディナポリ・チャートで表示される3本のDMA。これまで説明してきた3×3DMA以外、7×5DMAと25×5DMAは移動平均線として普通に使っています。

短期的な押し目や戻りを見つける場合には、やはり3×3DMAを割ったところが目安となります。ただ、単純に3×3DMAを割ったところで買ってしまうと、さらに深い押し目となる可能性がありま す。一度割ってから再びDMAの上に抜けたのを確認してから買っても、十分に間に合います。

エントリーするときには押し目の安値が確定していますから、その少し下にストップロスを置いておけば、損切りポイントも明確です。

そして同時に7×5DMAと25×5DMAの位置を確認するのです。この2本は通常の移動平均線と同じくサポートやレジスタンスになりやすい傾向があり、押し目の目安、戻り高値の目安として「3×3を割ったけど、7×5がすぐ下にあるから、ここまで下がるかも」といった相場のシナリオを立てることができます。

また25×5のほうは長期のDMAですから、これを終値で抜けてきたとき、あるいは上向きから下向

DMAを使った押し目買い

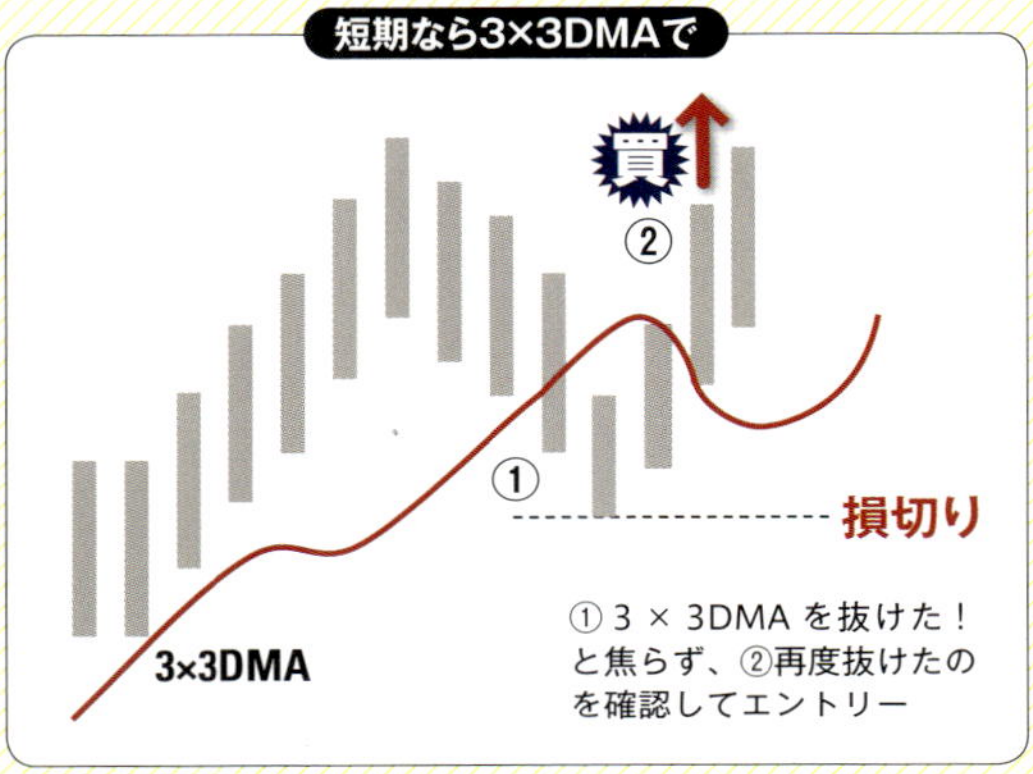

【図7】

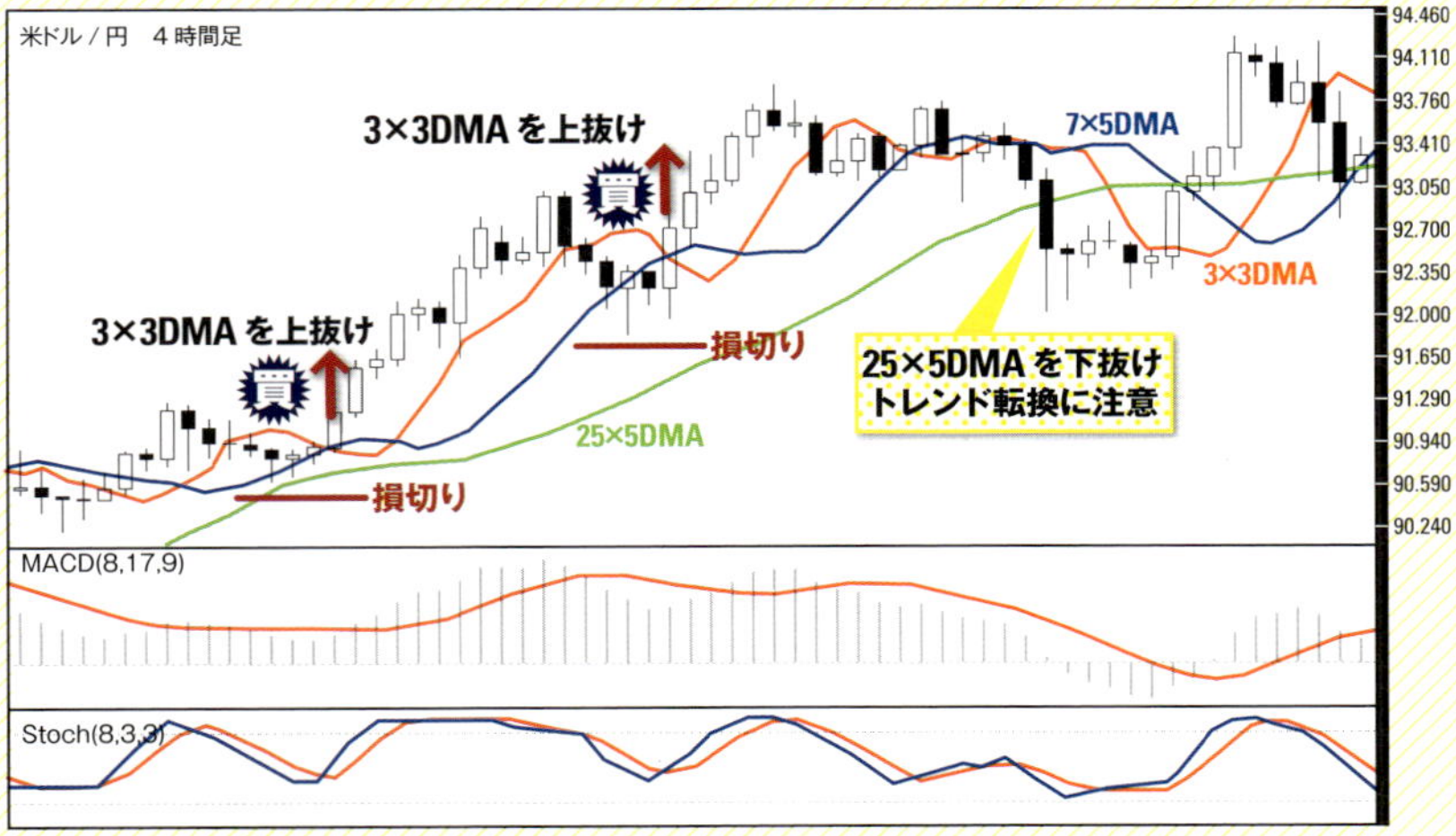

3 × 3DMA で押し目や戻りを見つけていくとトレードチャンスは多い。損切りは押し目の安値の少し下。残りの 2 本の DMA は、移動平均線のようにサポートやレジスタンスとして使っていこう。とくに長期の 25 × 5DMA を割ったらトレンド転換注意報

きへ、下向きから上向きへと傾きを転じたときは、方向性やトレンドが転換する可能性があると判断できます。

長期でじっくりトレードする方は、3×3DMAだけでなく、7×5DMAや25×5DMAを使って、レバレッジを下げてじっくりトレードするのもいいと思います。

2つの「フィボナッチ」を使いこなす

シングル・ペネトレーションで使ったように、フィボナッチの使い方を覚えておくと、エントリーや利益確定、損切りポイントの目安が計算できるようになります。フィボナッチ使いの名手であるディナポリのその取り入れ方は、きっと皆さんの参考にもなるはずです。

通常、相場分析でフィボナッチというと、**フィボナッチ・リトレースメント**を指す場合が多く、FX会社でもリトレースメントをフィボナッチとして提供する場合があります。しかしリトレースメントに加え、もうひとつ覚えておきたいのが「**フィボナッチ・エクスパンション**」です。こちらになると途端に使っている人が少なくなるようですので、リトレースメントの復習とあわせて、フィボナッチ・エクスパンションについて説明していきましょう。

フィボナッチ・リトレースメントをなぜ引くかというと、例えば、「上昇トレンドの途中で買いたいけれども、少しでも下がったところで買いたい。押し目はどこまで下がるのだろうか」と思ったときなど、**上昇トレンドの押し目がどこまで下がるか、下落トレンドの戻り高値がどこまで上がるかの目安**を知りたいからです。

[図8] 押し目を予想するフィボナッチ・リトレースメント

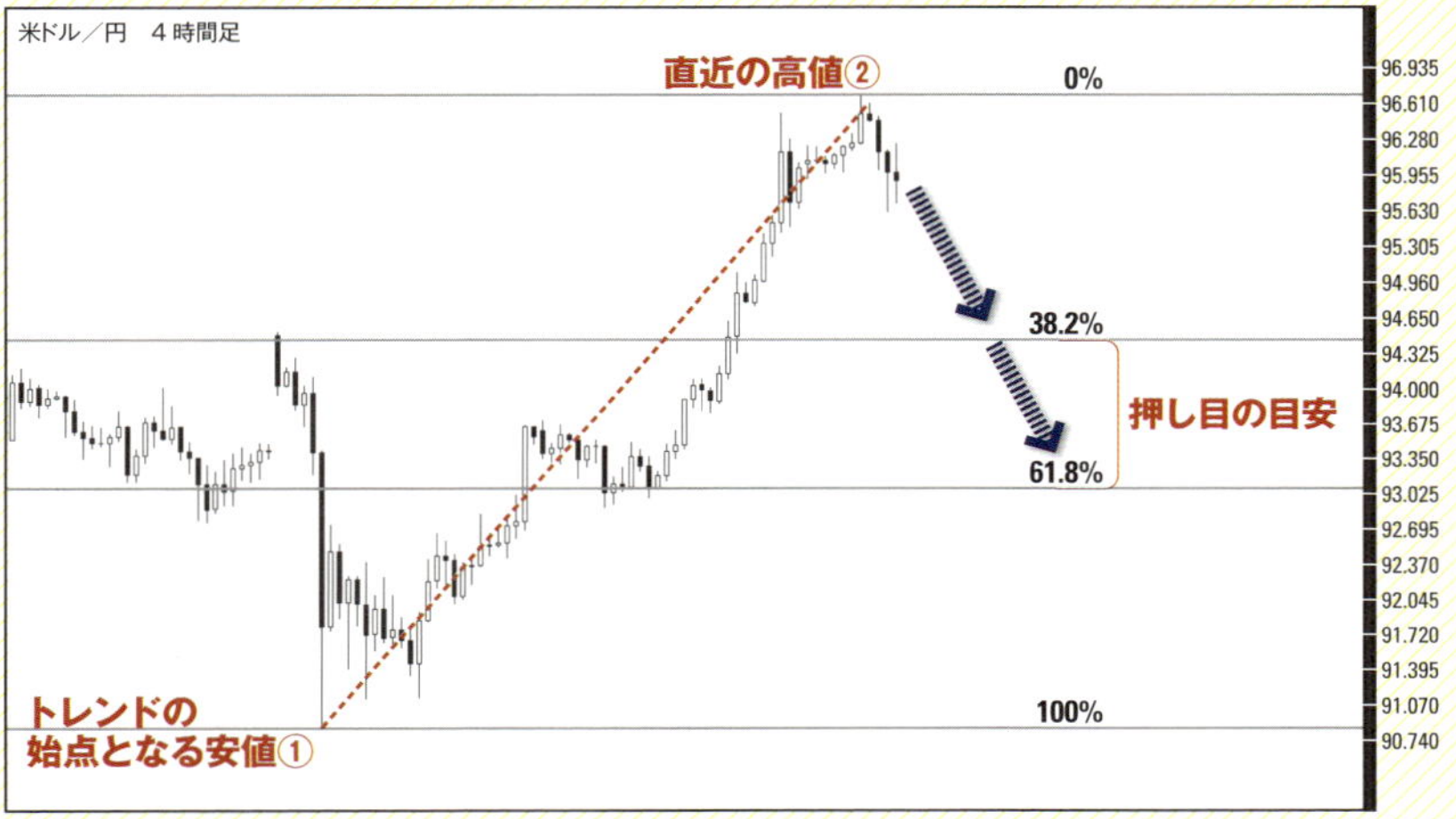

トレンドの始点となる安値から直近の高値へと、フィボナッチ・リトレースメントを引く。フィボナッチのポイントが押し目の目安となっていく。ディナポリは50%のポイントは使わないが、為替では「半値戻し」がよくあるので、注意しておくのもアリかも

フィボナッチ・リトレースメントとは？

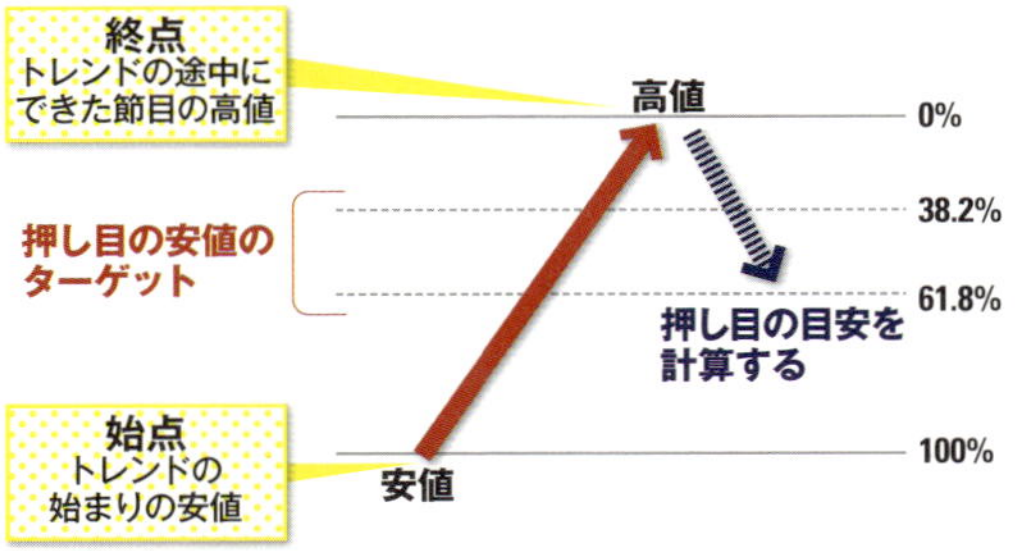

時間軸を変えれば、当然、フィボナッチ・リトレースメントを引くべき始点・終点は変わる

【目的】
トレンド中の押し目・戻りの目安を探す
【基準ポイント】
安値と高値
【前提】
トレンド発生中。高値・安値が確定している

マーケットのトレンドが明確ならその方向にトレードすればいいわけですが、いつでもエントリーしていいわけではありません。より効率的なトレードにするためには、トレンドのなかでも押し目買いや戻り売りをすることになります。

この点は本章の最初に書いたようにディナポリも同じスタイルで、彼はその押し目や戻りを探すためにフィボナッチ・リトレースメントを使っています。

また、フィボナッチ・リトレースメントを引くときに前提となるのはトレンドが発生していることであり、そのトレンドの有無を判断するためにスラストを探します。

フィボナッチ・リトレースメントでは、直近の高値や安値とトレンドの始点とを結んで、その間の38・2%や61・8%の値を計算するわけですが、チャートの時間軸によっては高値や安値の位置、トレンドの始点が違ってきます。ですから、どれか1か所のフィボナッチが正しく、ほかは間違っている、というものではありません。

いくつかのリトレースメントを自分で引いてみて、その可能性を自分のトレード・シナリオに活かすことが一番大事なことです。

トレンドの節目を計算するエクスパンション

トレンド中の押し目・戻り、つまりトレンドと反対方向の節目を探るために使うフィボナッチ・リトレースメントに対して、「トレンドがこの先、どこまで進むのか」と、**トレンド方向の先にある節目を教えてくれるのが、フィボナッチ・エクスパンション**です。

[図9] トレンドの行く末を示すエクスパンション

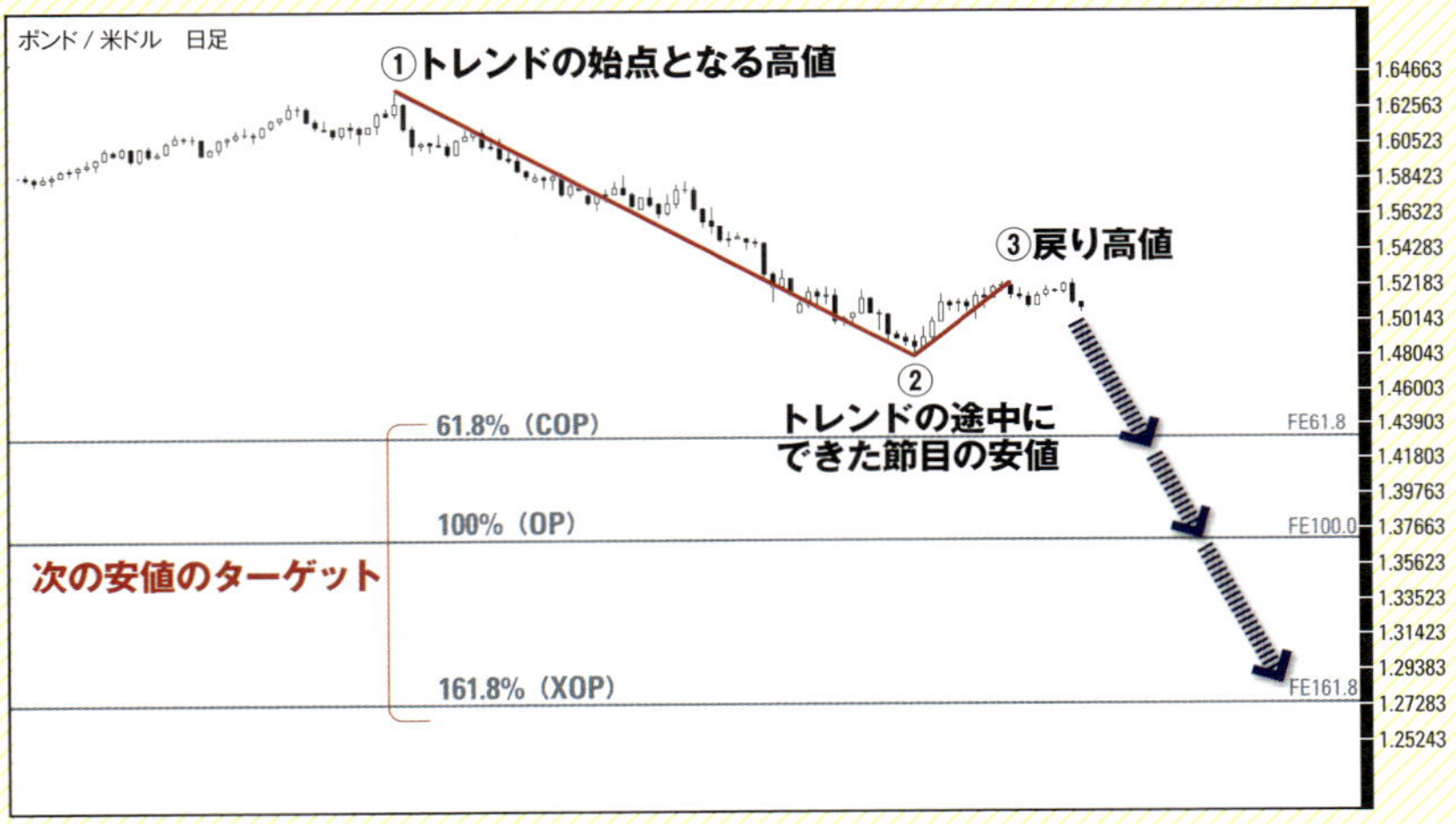

慣れないと難しいフィボナッチ・エクスパンションの引き方。下降トレンドでは「V字」型となる。第一目標の61.8%に達したら利益確定するもよし、一部決済しつつ、第二目標の100%まで伸ばしてもいい。自身の資金と枚数とを考慮し決めていこう

フィボナッチ・エクスパンションとは?

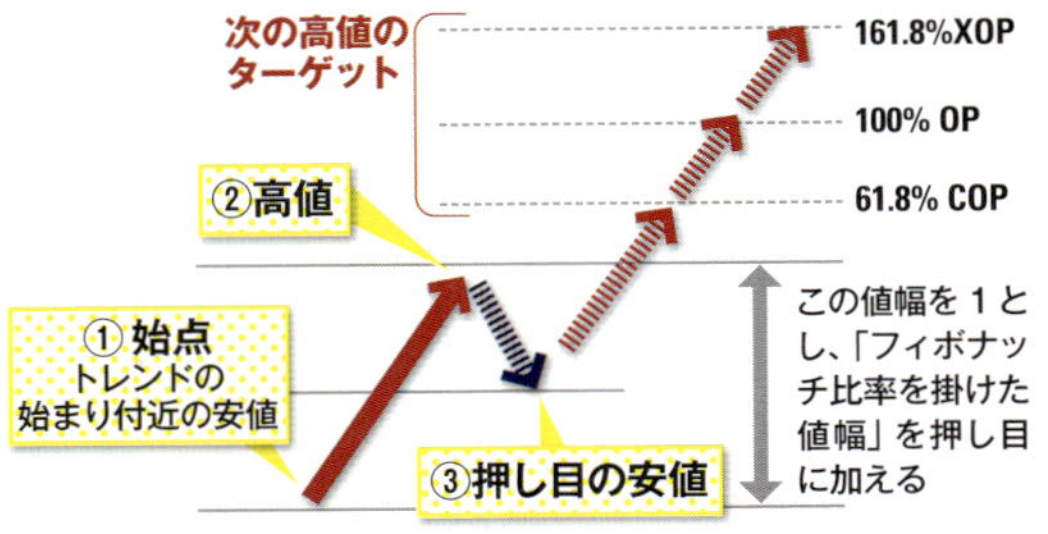

上昇トレンド中では「逆V字」となる。何度も引いて、3点のポイント選びに慣れるべし

【目的】
トレンド方向の目標ターゲットを探す

【基準ポイント】
安値、高値、押し目または戻り高値

【前提】
トレンド中に押し目の安値・高値が確定している

高値と安値の2点が決まれば引けたフィボナッチ・リトレースメントと違い、フィボナッチ・エクスパンションでは、3点を指定する必要があります。

上昇トレンドなら①過去の安値、②直近の高値、③直近の押し目安値でできる逆V字の3点ですし、**下降トレンドなら、①過去の高値、②直近の安値、③直近の戻り高値のV字**3点となります。

上昇は逆V字、下降はV字と覚えると便利です。

3点を指定したエクスパンションで示される3つのターゲットを、ディナポリは近いものからCOP、OP、XOPと呼んでいます。ただ、用語についてはこだわる必要はないと思いますので、単純にCOPを第一目標、OPを第二目標、XOPを第三目標と考えてもいいでしょう。

利益確定にCOP、OP、XOPのいずれを使うか迷うところですが、例えば10のポジションを持っていたなら、5つをCOPで利益確定し、OPで3つを利確、残りの2つはXOPまで伸ばしてみて、ムリなようならばCOPで利益確定といったように分割して決済することもできると思います。

僕の場合、これらの3つの目標値を意識しつつ、プライスアクションを見ながら決済しています。

戻りの強いメドとなる「コンフルエンス」

マーケットは、その方向が上昇であったとしても、一本調子で上がるものではありません。何度も押し目を作りながら、大きな上昇の山と、小さな下落の谷が組み合わされながら上昇していきます。こうした動きは時間軸を変えるとよりわかりやすくなりますし、下落方向でも同じです。

全体としては大きな上昇の動きでも、途中には谷となる押し目の安値がいくつもできるので、フィボナッチ・リトレースメントを引くときにも、高値は直近のひとつでも、安値となるポイントはいくつもあったりします。同じ高値のもと、複数の安値で、いくつものフィボナッチ・リトレースメントを引くことができるわけです。

実際に試していただくとわかるのですが、こうしていくつものリトレースメントを引いてみると、それぞれのフィボナッチ・ポイント（38・2％／61・8％）で、横線がいっぱいになります。そのなかには、あるリトレースメントの38・2％の位置が、ほかのリトレースメントの61・8％と近かったり、ほぼ重なる場合がでてきます。

こうした同じひとつの高値（または安値）と違う複数の安値（または高値）で引いたリトレースメントが重なるか接近した部分を、ディナポリは「コンフルエンス（Confluence）」と呼んでいます。

【図10】リトレースメントの重複「コンフルエンス」

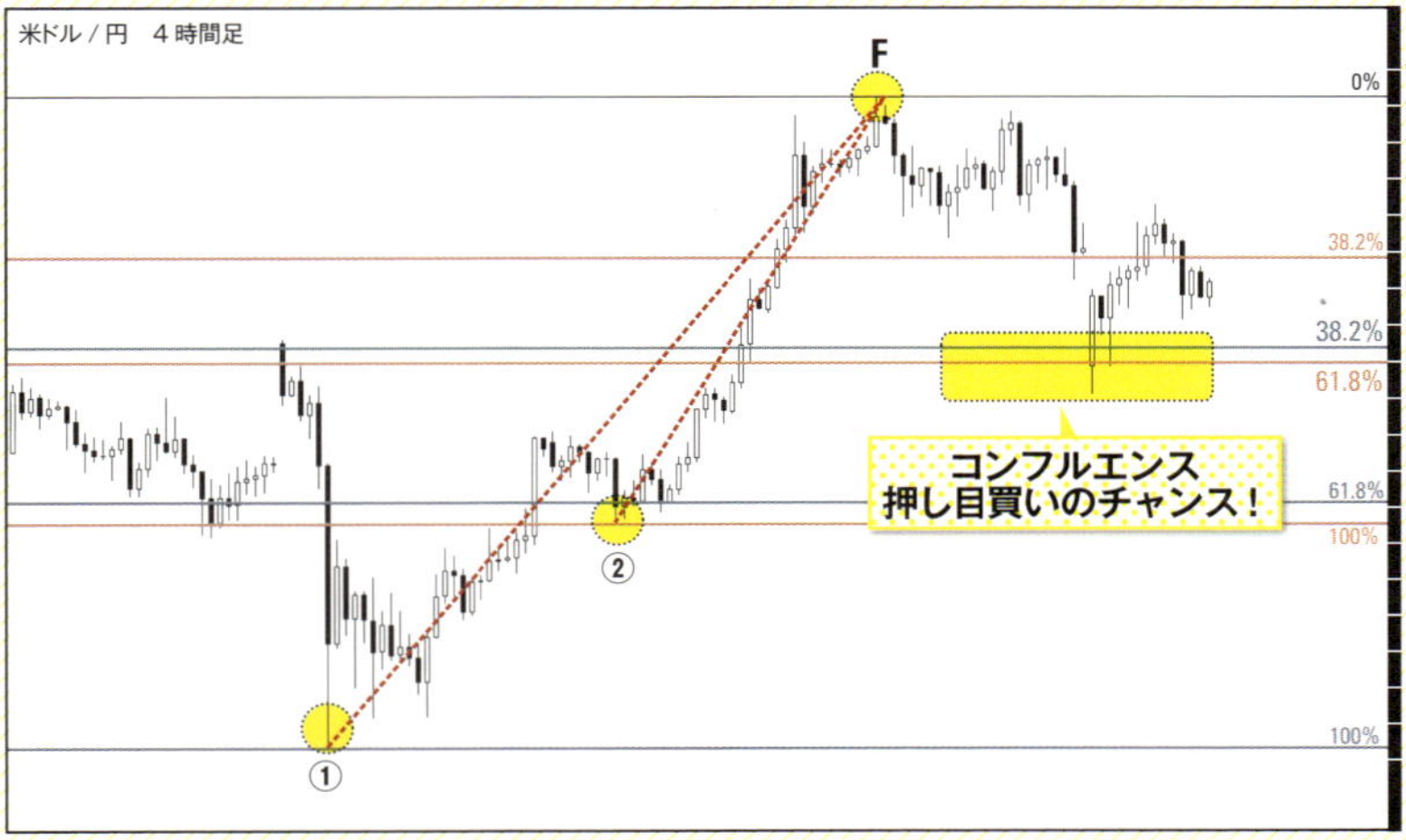

大きなトレンドのなかで押し目や戻りを探すとき、**いくつかのリトレースメントを引いてみて重なるところ（コンフルエンス）があれば、そこは強い抵抗になる**と考えられます。

そこで、コンフルエンスまでの戻りを待ってトレンド方向にエントリーしたり、あるいはトレンドとは反対方向への短期的な逆張りポジションを持っているときは、コンフルエンスの手前で利確するといった目安になります。

図10は米ドル／円の4時間足チャートです。直近の高値（F）は同じですが、安値は①と②の2つあり、2つのリトレースメントを引くことができます。すると、①からFへの上昇の38・2％と、②からFへの上昇の61・8％が接近していて、ここがコンフルエンスとなっています。このためFの高値からの下落の動きは、コンフルエンスで止められて一度は反発しています。

コンフルエンスを知っておくと、さまざまな可能性のひとつとして、自分のトレード・シナリオをつくるときに活用できると思いますし、僕の場合、こうした重要なポイントはメモしてモニターに張っておいたり、チャートにラインを引いて、意識しておくようにしています。

目標値の強いメドとなる「アグリーメント」

コンフルエンスは、複数のフィボナッチ・リトレースメントを引いた結果として表れる接近したフィボナッチ・ポイントでしたが、もうひとつ同じような考え方に「アグリーメント（Agreement）」があります。

アグリーメントとは「前回トレンド方向で引いたリトレースメント」と、「反転後の動きで引いたエ

2つの〝フィボナッチ〟の重なり「アグリーメント」

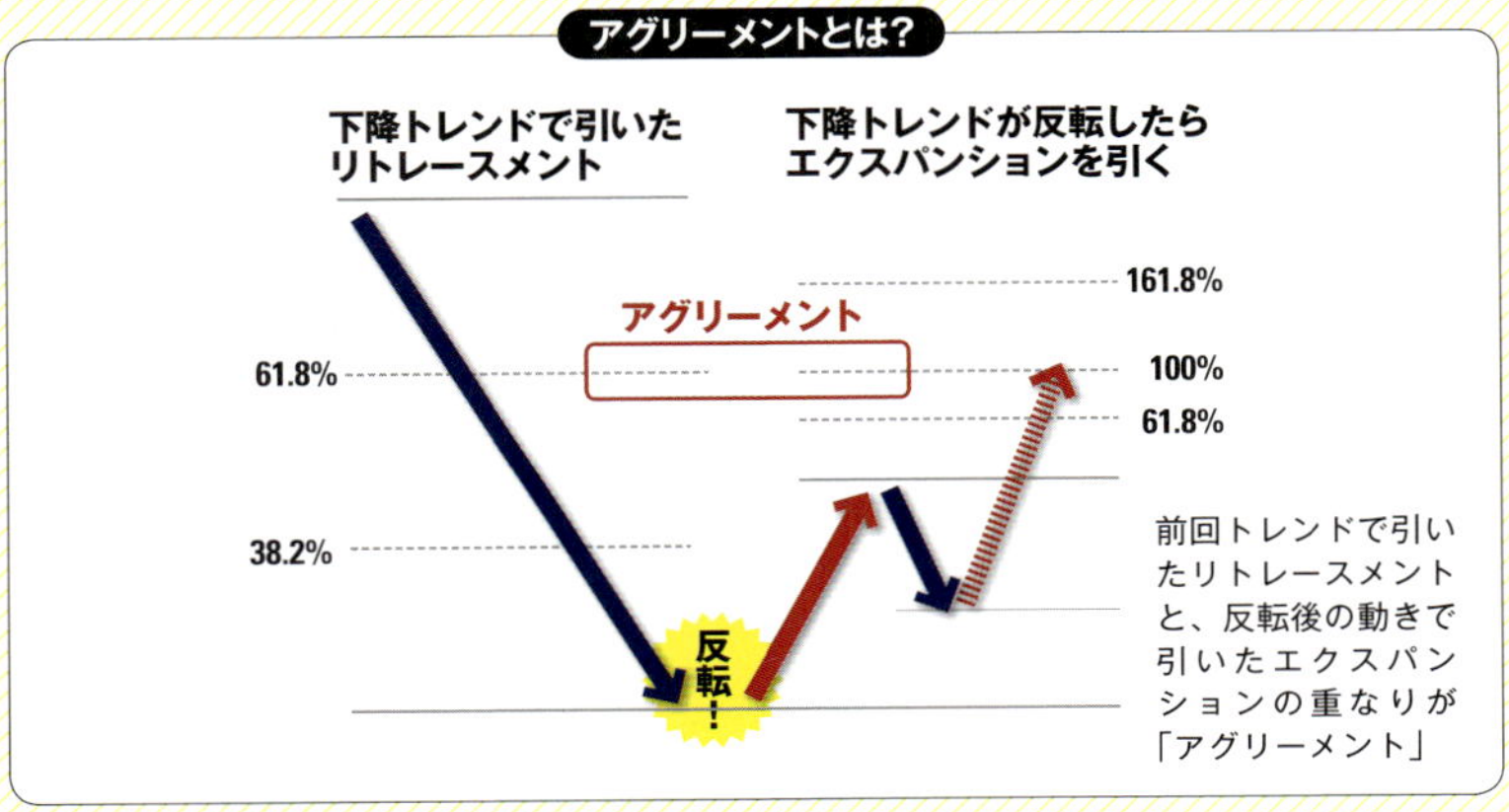

【図11】

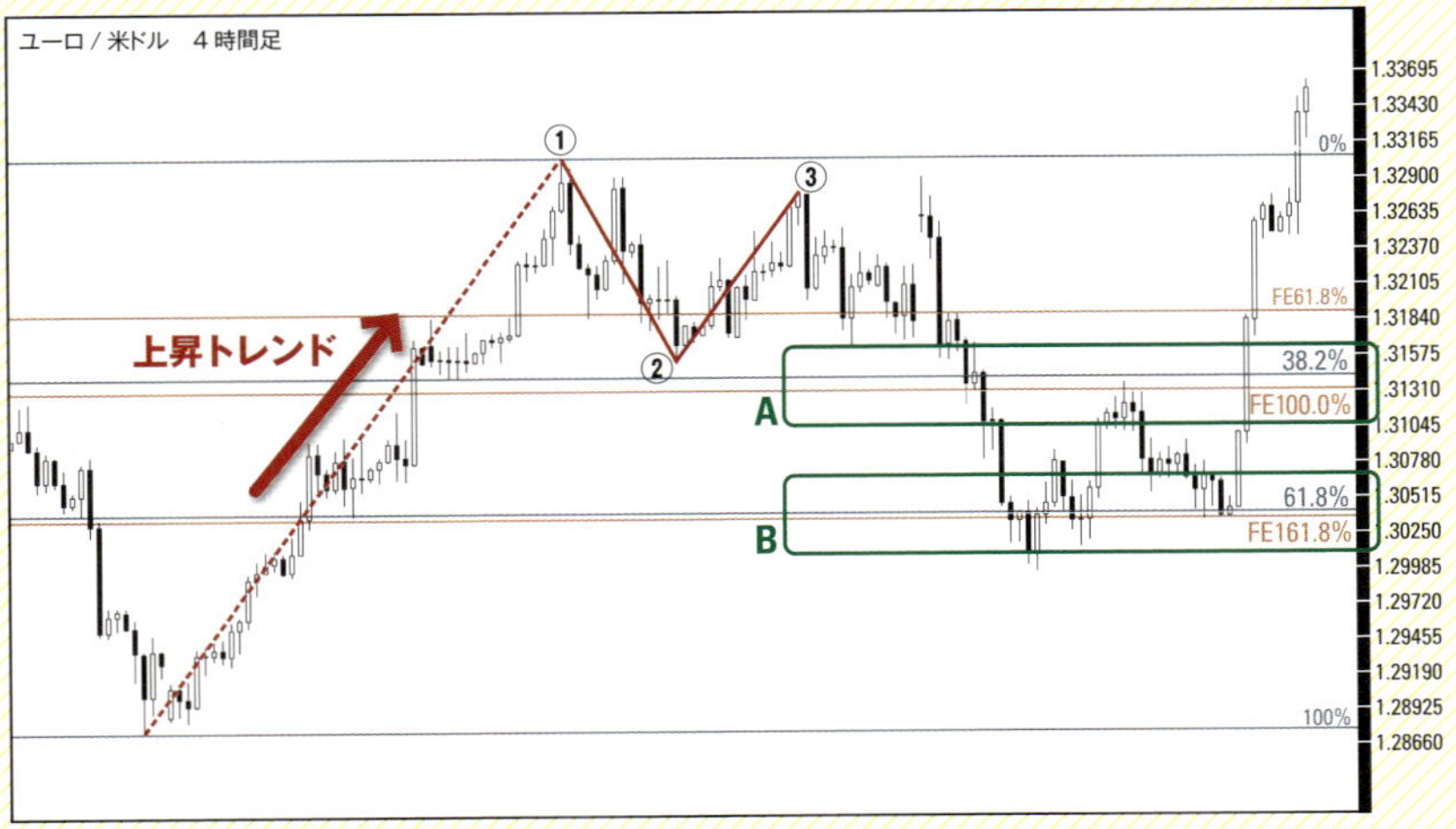

「アグリーメント」も〝強い抵抗帯〟となるが、こちらは利益確定の目安となる。上昇トレンドで引いたリトレースメントと、①②③で引いたエクスパンションが示すポイントが、2か所で接近。Aは突き抜けたがBのゾーンで反発している

クスパンション」とのポイントの接近したところで、こちらも強い抵抗帯となると考えられます。ローソク足がアグリーメントへ達すると、そこで動きがいったん止められることが多いため、利益確定の目標に使うことができます。

フィボナッチ・エクスパンションの利益目標値はCOP、OP、XOPと3つ算出されますが、どれが有力かはわかりません。しかし、そのなかにアグリーメントとなるポイントがあれば、そこが利益目標値に適している可能性が高いと考えられます。

図11はユーロ／米ドルの4時間足です。左の上昇の動きからリトレースメントした38・2％と61・8％が、①高値、②安値、③戻り高値のV字でエクスパンションした下値目標値の100％と161・8％と接近していて、この2か所がアグリーメントとなっています。最初のアグリーメント（A）は突き抜けて下落していますが、2つ目のアグリーメント（B）では多少オーバーシュートしたものの効いていて、その後マーケットは反発しました。

ただし、コンフルエンスもアグリーメントもその数値でピッタリと止まる、というものではありません。フィボナッチやテクニカル分析で導くのはあくまで値動きの目安なので、その付近、そのエリア程度に考えるべきで、ピンポイントとして考えるのは適当ではありません。これは他のテクニカル分析でも同じことですが、この点は注意してください。

このように、あらかじめ目標となる先の可能性を示してくれるのがディナポリ・チャートで、僕はトム・デマークのインジケータと同様にトレード・シナリオを考える際のツールとして使っています。

実はまだ、ディナポリが考案したトレード方法はたくさんあるのですが、わかりやすく、皆さんが取り入れやすいものを選んで紹介しました。的確にトレード・ポイントを示すディナポリ・チャートですが、スラストの判断、ダブルレポになっているかどうか、あるいは、フィボナッチを引くポイントなど、迷うこともあると思います。しかしそれには、数多くのチャートを見て検証していく、これ以外の解決法はありません。

“ Trend is your friend until it ends ”

Tom DeMark

Chapter 7

FX・勝つために必要なこと

資金管理から西原情報の読み方まで
FX・勝つために必要なこと

ここまでチャートだけではなく、ファンダメンタルズ分析を交えてトレードすることが大切であると強調してきましたが、それでもファンダメンタルズ分析は簡単なものではありません。ディナポリ・チャートのように「このポイントまでいったらエントリー」などと、一概に言えるものではないからです。ゆくゆくはチャートだけではなく、ファンダメンタルズについても自分で情報を集め、分析し、方向性を予測できるようになることを目指すにしろ、最初のうちは自分なりの分析を「答え合わせ」する意味でも、誰かに頼ることも必要でしょう。

インターネットにはさまざまな情報が溢れています。為替についても同様です。

ある人は「1ドル200円になる」と言い、別の専門家は「1ドル50円になるんだ」と主張します。それはそれでいつかそうなるのかもしれません。しかし、（少々、くどいですが）僕らに必要なのは「トレードに役立つファンダメンタルズ分析」です。

もし本当に1ドル200円になるとしても、それまでの間、ドルを買いっ放しにできればいいのですが、それでは「墓場まで持っていくポジション」になりかねません。200円になるまでには、何度もの上昇トレンドと下降トレンドを繰り返すでしょうし、僕らが狙いたいのは、そうしたアップダウンでのトレードです。1ドル200円説も知識としては面白いのですが、FXのための情報ではありません。

僕が情報を発信する際に心がけているのは、FXで勝つための実践的なファンダメンタルズ分析ですし、皆さんに手にいれてもらいたいのも、そうしたFXで役立つファンダメンタルズの情報です。

僕の情報を押し売りするわけではありませんが、僕がどんな記事を書いているのか、公式サイト『FX TREND西原宏一オフィシャルサイト』やメールマガジンを参考にしていただければと思います。

自分にとって有益な情報を

1章で、僕がディーラー人生で培った最大の財産は「仲間」という話をしましたが、FXに必要な情報を集めるとき、あるいは、困ったときに頼れるのは何もプロばかりではありません。

僕のメルマガには掲示板がついていますが、そこでは読者同士のコミュニケーションがあります。また、SNSを使ってみてもいいでしょう。ツイッターを見ていると活発なやり取りが交わされていますし、フェイスブックも同様です。FXの上級者はプロ顔負けの分析も披露してくれますから、僕も頼りにしているほどです。

ブログ『FXだけで生活しちゃおー』(http://fxgaitame1.blog89.fc2.com/)を執筆する「バカラ村」さんのテクニカル分析には、僕は一目も二目も置いています。

また、ファンダメンタルズ面では、僕と同じ外資系銀行出身で今はロンドンを拠点に個人投資家として活動している松崎美子さんの知見にいつも感心させられます。

僕のメルマガでも執筆してもらっていますが、彼女のブログ『ロンドンFX』(http://londonfx.blog102.fc2.com/)では、日本の新聞では報じないような欧州のニュースを教えてくれますし、ファンダメンタルズの章で解説したようなゴールドマン・サックスやモルガン・スタンレーといった大手銀行がどんなターゲットを持っているかといった情報もいち早く伝えてくれます。

元為替ディーラーというと、個人のことを見下しているような印象を持たれるかもしれませんが（見下している人もいるのかもしれませんが）、そんなことはありません。**FXは株よりも情報についてはフェアですし、プロもアマチュアも同じ立場で勝負できる市場**です。

個人だからプロに勝てないと諦める必要はまったくありませんし、情報を取るときも「プロだから頼りになる」あるいは「個人だからあてにならない」ということはありません。皆さん、それぞれにとって必要かつ有意義な情報源を見つけることが大切なのです。

トム・デマークの「TDシーケンシャル」

有益な情報源のひとつとして、僕のメルマガや連載を選んでいただきたいのですが（宣伝ぽくてすいません）、そこには、ほかではあまり聞き慣れない単語が出てくるかもしれません。なかでも問い合わせの多いのが**「TDシーケンシャル」**についてです。

1990年代最高のチャーティスト（Chartist：チャート分析家）として名高いトム・デマークが開発した一連の指標の名前には「TD」がつけられていて、「TDシーケンシャル」もそのひとつなのですが、これを実際に見たことがある人はあまり多くないと思います。

最近はFX会社のチャートが非常に充実してきていますが、正式なTDシーケンシャルを使えるチャートはありません。デマークが使用を認めていないからです。そのためTDシーケンシャルなど彼の開発した指標を使うには、チャート専門会社などにちょっと驚くような料金を払わないといけません。

僕はその料金を支払っているわけですが、なぜそこまでして使うのかといえば、「TDが当たるから」。

相場にトレンドが出ている場合は、移動平均などのトレンド系のインジケータを参考にしながら、トレンドに沿ってポジション管理するのが基本です。2013年1月からの米ドル／円の相場のように、明確なトレンドがでている場合は、トレンド系のチャートはすべて買いサインを出しているはずですので、資金管理をしながら、どれだけトレンドに乗っていくかが勝負になります。

ただ、**怖いのは「いつ、そのトレンドが反転するのか？」**です。

上昇が加速してくると、どんな甘いエントリーでも収益があがるようになり、誰の目にもトレンドが明らかになります。こうしたケースでは、マーケットに悪材料が出ても、さらに値を上げていきます。

加えて一般的なオシレータでは買われすぎのサインが何度も点灯するため、短期筋がショートに振るのですが、それでもマーケットは値を上げていきます。

そうした状況が続くと、ある日突然マーケットは急反転します。

メディアでは、「当局の発言があったから」などといった材料で反転を説明しますが、実際にはそうしたことはきっかけのひとつであり、事実としては極端な買われすぎのピークを迎えたため、急反落するわけです。

こうした急反落の前に、さりげなくTDシーケンシャルが買われすぎのサインを点灯する場合が往々にしてあるのです。

デマーク非公認ながら、個人の方が開発されたMT4用のインジケータがネット上に公開されており、有益に利用されている方も多いため、この場を借りて簡単に説明させてください。

ただし非公認なので、僕の使う公認されたものとは違う場合もあるのでご注意ください。

TDシーケンシャルは「9」と「13」をチェック！

このTDシーケンシャルですが、基本的な使い方自体は難しくありません。トレンドの進行に従ってチャートに表示される数字に注目する、というだけのものです。

どうやって数字が表示されていくかというと、まず「プライスフリップ（Price flip）」が起きることが前提となります。例えば、相場が上昇から反落するときのプライスフリップの条件は次のようになります。


「条件1」当日の終値＜当日から4日前の終値

かつ

「条件2」前日の終値＞前日から4日前の終値

この状態がプライスフリップで、その場合に初めて数字の「1」がチャートに表示されます。

その後は、「当日の終値＜当日から4日前の終値」という条件が満たされると、次の足から「2」「3」と進んでいき、連続して9までカウントすると「セットアップ」が完了となります。

セットアップが完了すると通常、1～4本程度のローソク足で調整が入ります。その後は、小反発するケースと、調整が終わりトレンドが再開するケースに分かれます。

トレンドが再開すると「カウントダウン」が始まります。そして、「13」までカウントするとそれが「ト

TDシーケンシャルとは?

TDシーケンシャルの始まり「プライスフリップ」

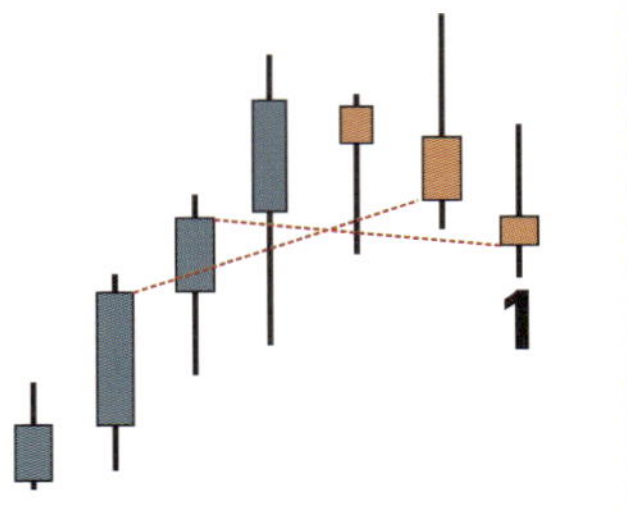

「前日の終値＞前日から４日前の終値」という状態から、「当日の終値＜当日より４日前の終値」となったら「プライスフリップ」

「セットアップ」から「カウントダウン」

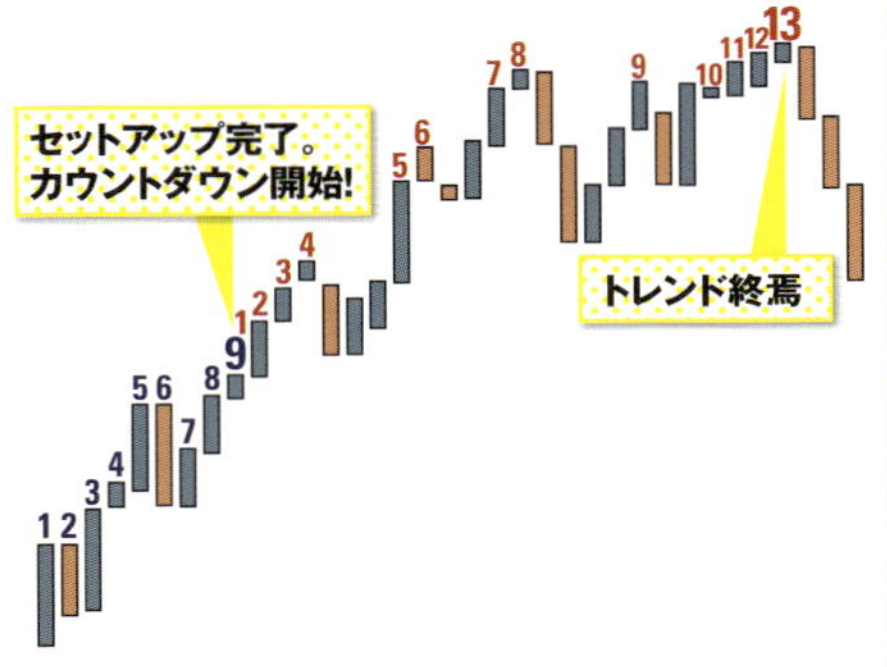

［図1］ **TDシーケンシャルとは?**

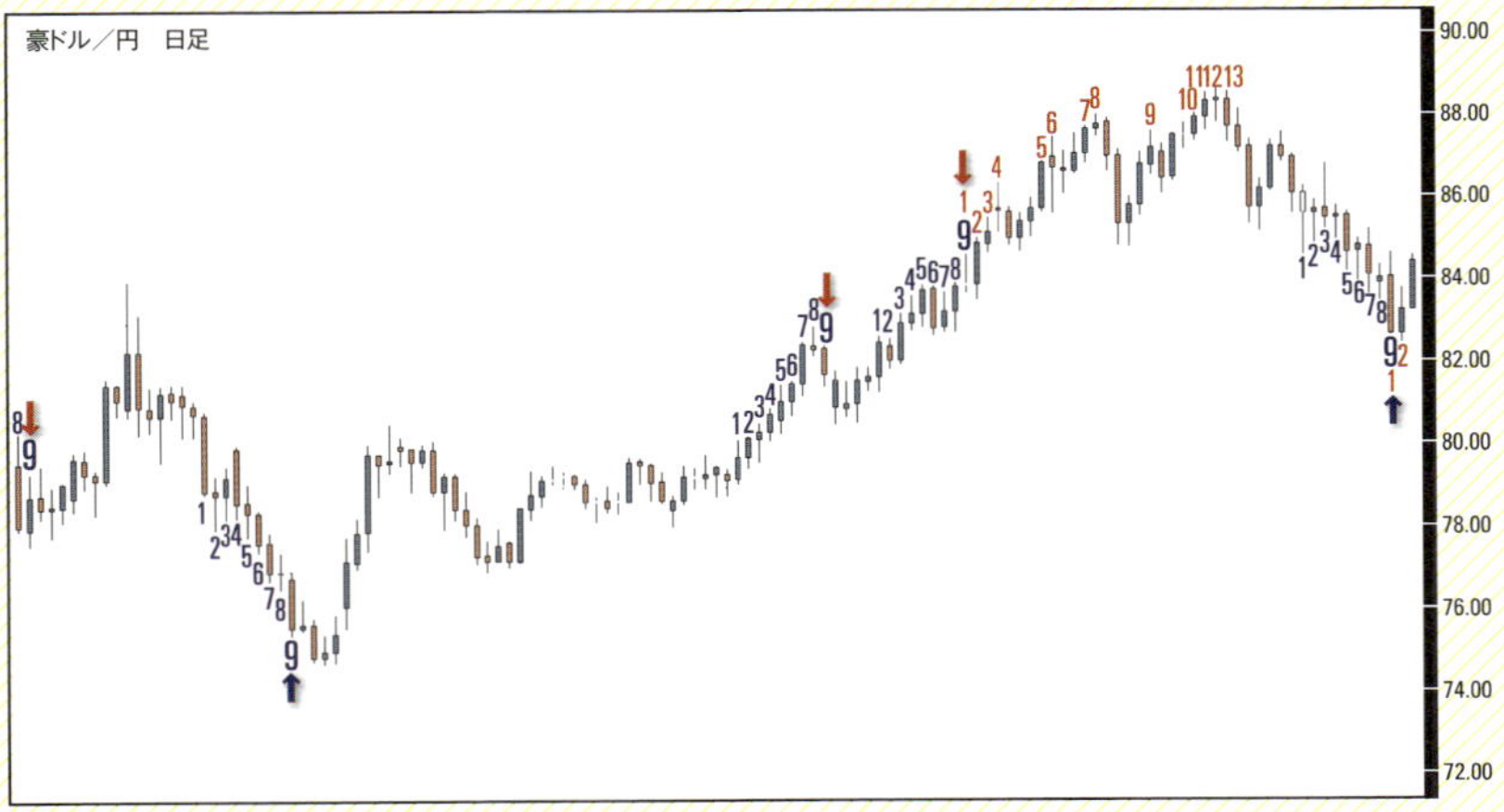

「9」をカウントし「セットアップ」が完了すると、そこから「カウントダウン」が始まる。「13」まで進むと大きなトレンドの終焉を意味する

レンド終焉」のシグナルとなります。

ちなみにカウントダウンの1～13の数字を刻んでいく条件は「セットアップ」の条件と異なり連続する必要はありません。これ以外に数字をカウントする条件がいくつかあるのですが、詳細はデマークの書籍か、僕のDVD『勝者の手法でFXマーケットの転換点をつかめ』をご参照ください。

単純に**「『9』が出たら調整もしくは反発があるかな？」と準備し、「『13』が出たらトレンドが終焉する可能性が高いな」**と理解しておけばいいでしょう。

ただ、デマーク自身が指摘するように、TDシーケンシャルもインジケータであり、絶対的なシグナルではありません。デマーク・インジケータはTDシーケンシャル以外に70種類くらいあり、僕はそれらのTDコンボ、TDレイ、TDウェイブ、TDラインなどを複合して使っています。

TDシーケンシャルだけでも、他のテクニカル分析と組み合わせることで過熱したマーケットのなかで手じまいするタイミングを教えてくれます。

「Trend is Your Friend Until It Ends」――トレンドは終わらない限りはキミの友達だとはデマークの言葉ですが、楽しかったときの終わりを告げてくれるのがTDシーケンシャルなのです。

斥候（せっこう）と「資金管理」

僕がメルマガで多用する単語が**「打診」と「コアポジション」**です。聞き慣れない言葉ですが、FXにおいて値動きの分析とともに重要な「マネーマネジメント」（資金管理）の話でもあるので、どうかおつき合いください。

値動きは自分ではコントロールできませんし、どんなに優れたトレーダーでも百パーセントの精度でそれを予測することはできません。しかし、**資金管理は自分で百パーセント、コントロールすることができます。**資金管理の巧拙によって収益は変わってきます。

極端な例ですが、僕の友人に米ドル／円に対して基本、ブリッシュ（強気）で、アベノミクスが始まる前の長期間にわたる円高局面においてさえ、米ドル／円をロングでしか入らなかったトレーダーがいます。

方向性に迷うことなくロングで入れるときしか入らず、相場観どおりに米ドルが上昇すれば長くキープし、今はダメだと感じたときはあっさりと損切りをする。エントリーしたポジションはすべて儲かるわけではなく、長い円高局面でむしろ損切りすることのほうが多かったでしょうが、利益から損失を差し引いた総収益は大きくプラスになっていたようです。

つまり、大げさにいえば、方向性を当てることよりも、むしろ資金管理が収益を生みますので、マネーマネジメントはしっかりと押えておきましょう。

さて僕の場合ですが、メイントレンドができそうなとき、最初に行うのが**「打診買い」「打診売り」**です。僕は短期のデイトレードも行いますが、基本となるのは日足です。

日足レベルでクリアなトレンドができるのであれば、それに乗らないわけにはいきません。ただ、トレンドの発生地点では、明確なサインは出ていないわけですので、エントリーには慎重になります。むしろ、相場が反発せずにそのまま横ばいになってしまったり、反転だと思ったら押し目や戻りの動きだったということのほうが多いくらいです。

反転しそうだからといって、そこで全力でポジションを取ってしまうと、予想が外れたときに大きな損失となってしまいます。そこで最初は、**全力が10だとしたら1か2くらいの資金を使って「打診」レベルの小さなポジションで探りをいれる**わけです。

戦術用語で「斥候《せっこう》（Patrol）」または「戦闘斥候（Combat patrol）」という言葉がありますが、これは、前衛に配置され、本隊の移動に先駆けてその進行方面の状況を偵察しつつ敵を警戒する任務のことを言います。「打診売り」や「打診買い」で斥候を出すわけです。

小さなポジションですから、思ったように反転しなければ損切りするだけですし、その損失も大きな痛手にはなりません。思惑どおりに反転すれば、打診買いのポジションを残したまま買い増していきます。

［図2］資金管理は「打診」「コア」と「回転」

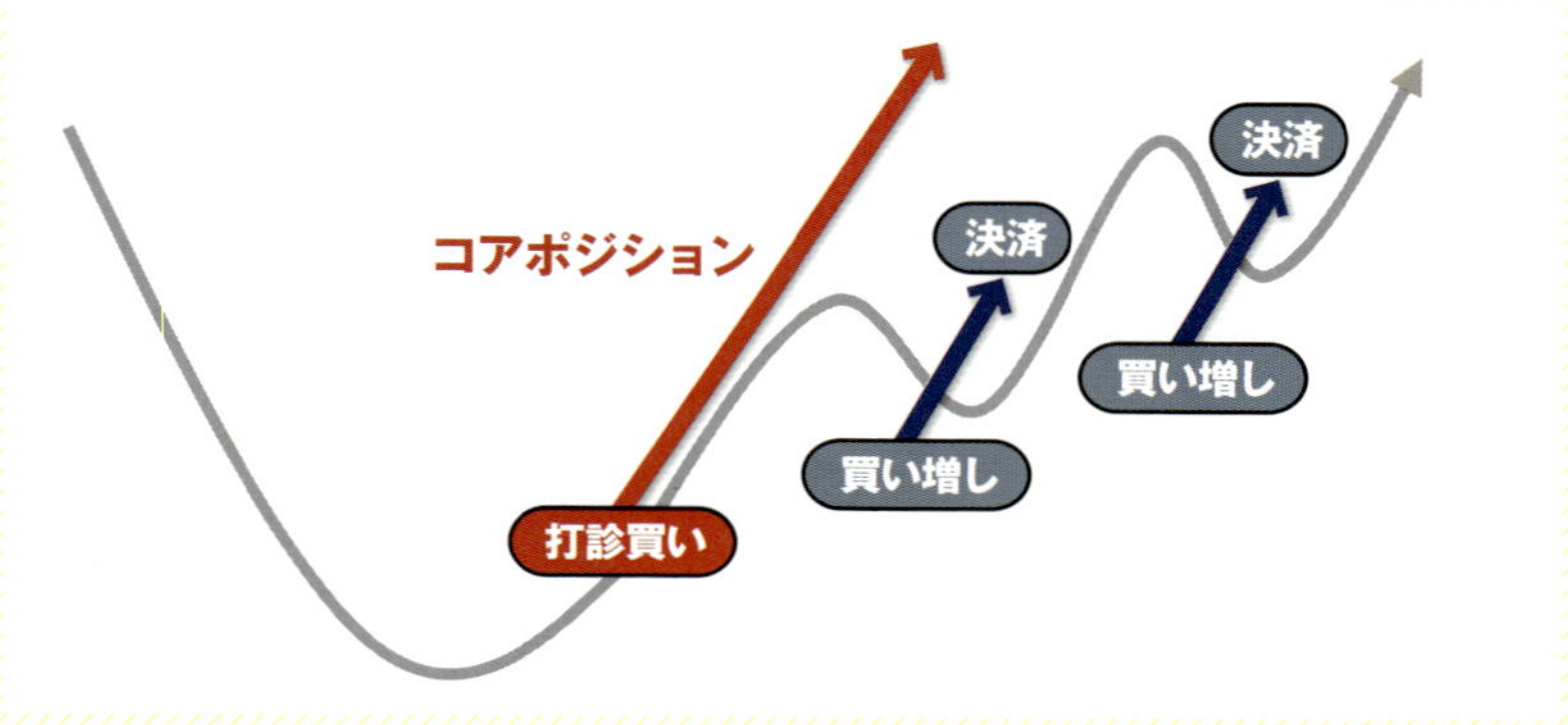

反転上昇の兆しがあれば「打診買い」を入れ、トレンドが発生すればすぐ決済せず「コアポジション」として残していく。反転しなければすぐに損切り。残りの資金は押し目買いなどで「回転」させていく

資金量との相談になりますが、最初から全力でトレードしてしまう個人投資家の方も多いようです。10のうち10を最初に突っ込んでしまうと、のるかそるかというギャンブルトレードになってしまいます。

とくに日足レベルでのメイントレンドを取りにいくときは、最初にすべてを買ってしまうのではなく、トレンドの進行を見極め、**最初に打診買いした分は「コアポジション」として残しておき、できればトレンドの終わり近くまで利益を伸ばします。**

同時に**トレンドの途中では、押し目で買い増して少し上がったら売って、また押し目がきたら買ってと、トレンド方向に「回転」**させていくやり方をとると、ひとつのメイントレンドのなかでより大きな利益を得られます。

メイントレンドが順調に進めば、コアポジションは含み益を生んでくれますから、「これが負けてもまだコアの分の利益があるから」と精神的にも余裕を持った状態で「回転」させることができます。

これが理想的なやり方ですが、初心者がよくやってしまうのが「ナンピン」（買い下がり、売り上がり）です。無計画なナンピンは不利な方向へ追い込んでいくだけ。僕もナンピンすることはありません。

ただ、「計画性ある買い下がり・売り上がり」はナンピンとは違います。メイントレンドの方向が明確なときなどには「50銭ごとに1万通貨ずつ95円まで買い下がる」など、きちんと計画を立てて、資金的に無理のない範囲であれば有効な場合があります。

FXは「買う・売る・待つ」

FXでは「買う」「売る」のほかにもうひとつの取引があります。「待つ」です。

ところが、個人投資家の方の話を聞いていると、「ポジポジ病だな」と思うときがときどきあります。チャートを見ていると、どんな局面でもポジションを取りたくなってしまう病です。阿波おどりであれば「踊らにゃ損々」なのかもしれませんが、FXでは踊るべきタイミングがくるまで「見るあほう」でいることも大切です。

FXとは「買う・売る・待つ」なのです。

とくに「待つ」ことを忘れてしまうのは、自分が損をしているときです。そんなときにチャートを見ていて少し値が上昇してくると、そこで買わないことで損をしたような気分になってきます。「早く損を取り返さないと」と焦りが生まれていますから、自分が取引するときの形ではないのに買ってしまったりと、売買回数も増えてしまいがちです。

テクニカルの形もファンダメンタルズも無視して、トレンドが明確ではないにもかかわらず取引し、収益がさらに悪化して、焦りがもっと募ってきて……という悪循環に陥ります。

誰にでも、もちろん僕にも調子の悪いときがあります。調子が悪いなと思ったときは、取引履歴を表示させてみて自分の売買回数を確認してみてはどうでしょうか。

調子が悪いときほど「待つ」ことができなくなって「買う」「売る」ばかりになっていますから、売買回数も増えていることが多いと思います。

とくに「成行注文」には注意です。これはトレードスタイルにもよりますが、普段、指値や逆指値を使っているのに成行注文が増えているようなら、焦りが募っている証拠です。売買回数が多くなっているときは、一度トレードの手を休めて、自分の取引ルールを再確認し、戦略を組み直してみましょう。

また、**不調だなと思ったときは、「ポジションをスクエアにする」**のもひとつの方法です。ポジションを持ったまま、ブレインストーミングすると、どうしても自分の持つポジションに有利なように考えてしまいます。誰であれ自分の間違いを認めたくないものです。バイアスなく考えられるように、ポジションをスクエアにしておくのです。

相場が急変したとき――2012年末からの円安のようなときには戸惑いが生じがちです。それまでの一日に30銭ほどしか動かず、しかも上がったり下がったりとヨコヨコの動きを繰り返す相場から、連日のように50銭、60銭と上昇していく相場へと転換すると、頭を切り替えるのが大変です。

それはほかの相場参加者も同じで、一気に上昇するとみんなが準備できておらず、慌てて飛び乗って買ったりするため、さらに勢いを加速させることになります。そんな相場で売りでつかまってしまったときは、一度、ポジションをスクエアにして冷静になり、「これから相場はどうなるか？」と考えてみましょう。

そして、**「相場は上がる」と決めたら、今度は逆に大胆に攻めていきたい**ところです。

「心の虚」はうたれていないか？

自分の戦略を見つめ直すときに役立つのが「ノート」と「記録」です。

銀行時代を振り返っても、勝っているディーラーは100人中100人が自分なりのやり方でトレード日誌をつけていました。自分の日々の取引や相場で起こったイベント、気づきを記録として残しておくわけです。さらにいえば、「書く」だけではなく、**ノートをよく「見返す」人ほど、収益をあげていました。**

孫氏の兵法に「兵法の要はわれの実を持って敵の虚を討つことにあり」との言葉があります。「自らの軍勢の主力を使って、敵の隙をつけ」といった意味でしょうが、「敵の虚」には戦略的な隙もあれば、心の隙もあります。

桶狭間の戦いにしても、一の谷の合戦にしても、奇種奇策と評される軍略のほとんどが「心の虚」をついたものだともいわれています。

FXでもそれは同じです。自分の心に「虚」があるときは、いくらトレードしてもなかなか勝てません。そんなときは冷静になり、一度戦線を縮小することが必要です。

とくに思いもよらぬヘッドラインによって相場が急変して、収益となっていたポジションが含み損に変わったときなどは感情的になりやすく、虚が生まれやすいときです。「さっきまであれだけ儲かっていたのになぜ……」と怒りがわき、「もう一度取り戻してやろう」といらぬ復讐心が生まれ、冷静さを欠いて「虚」にまみれたトレードを繰り返してしまいがちです。

そんなとき、ノートや記録で自分の戦略を見つめ直してみましょう。

今の自分の考え方、分析に誤りがないか、いつものやり方からはずれていないかを確認するのです。

しかし、それ以上に大切なのは、ノートや記録を振り返ることで、「心の虚」を取り払うことにあります。

自分の「FXノート」を作る

記録を残す方法ですが一昔前は手書きのノートを使っている人がほとんどでしたが、今ならスマートフォンやパソコンを使ってもいいと思います。

スマホやパソコンならば**自分が勝ったときのチャートの形、負けたときのチャートの形をスクリーンショットして、残しておく**ことも簡単です。

調子が悪いなと思ったとき、自分の残したスクリーンショットは「勝ちパターンチャート集」ですから、それを見返して調子がいいときのフォーム、型を再確認することができます。

また負けたときのチャートの形だって、それを多く残しておき「負けパターン集」にすれば、「どんなときに負けやすいのか」と傾向を見つけ対策を考えることで、勝率を高めることもできます。

僕が駆け出しディーラーのころはチャートを手書きでつけていましたが（それも意味のあることだと思いますが）、今はもっぱらスクリーンショットを撮って残しています。もちろん撮りっぱなしにするわけではなく、パソコンからもスマホからも見られるようサーバーに保存して、家で、あるいは外出先で見返しています。

僕はITガジェット好きで（以前にはMac専門誌で連載していたこともあるくらいのApple好きです）、外出するときにはiPhone、iPad、ノートパソコン（MacBook Air）を常に持ち歩いています。昔と比べると格段に便利になったなと思うのですが、それでも、ポジションを持っているときの外出には、やはり手書きのノートです。

チャートを見るだけならばスマホやノートパソコンで十分なのですが、そこに表示されるのはまっさらなチャートです。

僕のトレード用パソコンのチャートにはオプションのバリアだったり、重要な節目だったりのラインを引いてあります。それをプリントアウトしたものも、このノートに貼ってあっています。

出先でポジションを検討するとき、そうしたラインや備忘用に書き込んだメモが僕には欠かせません。

50万円が1億円に！　メルマガ読者・ぱなぱなさんの場合

本書もそろそろ終わりに近づいてきました。ここで紹介した内容、あるいは公式サイトやメルマガで僕が発信している情報を、どう読み解いていけばいいのか。実例として、僕のメルマガの熱心な読者でFX仲間のひとり、ぱなぱなさんにご登場いただきます。

資金管理を含め、彼の方法もまた参考になるのではないでしょうか。

私は、大学卒業後、あるFX会社でカバーディーラーとして働いていました。カバーディーラーの仕事は、お客さんからの注文をいかに効率よくインターバンク市場に投げ利ざやを稼ぐかを瞬間的に考えることです。ずっと為替ボードとにらめっこしていたものですから、次第に数秒、数分先の値動きが読めるようになっていきました。それで、独立を決意。スキャルー本でやっていこうと会社を辞めたんです。

西原さんのメルマガと出会ったのも、ちょうどそのころでした。あまりにも読みが当たるので、すぐに購読を始めました。最初は西原さんのトレードを忠実にコピーしてトレードしていたんですが、西原さんのメルマガはトレードシグナルの配信ではないので、すべてのエントリーや決済を教えてくれるわけではありません。

そこで、3つのポイントに着目して、読むようにしていったんです。

ひとつは「時間軸」。西原さんがエントリーしたときには、どんなトレードスタイルでエントリーしたのかを考えるんです。

「98・00円が割れないため、再びロングにしてそれを98円台後半でしめるといったような短期トレード」といったように「短期」と明記してあれば、わかりやすいんですが、そうでない場合もあります。

「RCーが多くの時間足で下落を点灯し始めたユーロドルもショートを追加」とあれば、日足以下の足での分析なので、数時間後には決済かなと考えながら自分もショートします。

どのくらいの時間軸で西原さんがトレードしたのかがわかっていると、決済のイメージを自分で立てることもできるし、翌日に持ち越すのはやめておこうとか、「ここまで下がったら損切りしよう」という判断が自分でできるようになります。

2つ目のポイントが西原さんが注目している経済指標や要人発言などの「イベント」です。為替市場では毎日多くの指標が発表されるので、どれが重要なのか判断がつきにくいのですが、西原さんが注目しているイベントはトレンドが発生したり、相場が転換する可能性が高い。そのときは自分も発表時間に合わせて身構えておくようにします。

3つ目のポイントが「ポジションの目的」です。

西原さんがユーロ／米ドルを買ったとしたら、米ドル売りとユーロ買い、どちらを意識して売買したのかを推測して、もしも目的が米ドル売りなのに自分が米ドル／円の買いなど、米ドル買いのポジションを持っていたら、即決済です。「西原には逆らうな」ってことですね（笑）。

トレードだけでなく考え方もコピーする

そして、忘れてはいけないのが、資金管理、ポジションサイズです。

最初に自分の通常の取引サイズを決めておきます。僕の場合、100万通貨なのですが、これが西原さんが「コアポジション」と書いたときの取引量。決して全力で取引したときの量ではなくて、「含み損になっても自分がストレスを感じない程度の金額」が目安です。

西原さんが「打診」と書いた取引は、この通常サイズの5分の1から10分の1で取引をします。

それと、これは私の判断も混じるんですが、自分の相場観と西原さんのトレードが一致して、「いける！」と思ったときはコアポジションの2、3倍くらいまでの取引量で勝負をかけます。

この方法で、独立当初50万円だった資金は、3年半で1億円にまで増やすことができました。

大切なのは西原さんの取引をコピーするのではなく、西原さんの頭の中、思考法を辿ることなのだと思うんです。西原さんのトレードをコピーしているだけだと、もしも西原さんがいなくなったら、稼げなくなってしまうので（笑）。

あなたの「長期的収益曲線」は？

　ぱなぱなさんのお話をご紹介しましたが、ただし、これもひとつの方法だと思ってください。同じ情報、同じやり方を与えられても、それを使う人によって結果は変わります。その人の**性格、取引できる時間、集中力、それに資金量など、トレードする前提となる条件は人それぞれ**だからです。

　本書に書かれた内容を皆さんが実践したとしても、やはり人によって結果は違うでしょう。儲けていくための道筋は100人いれば100通りあるのです。

　とはいえ、僕も無敵のディーラーではありません。トレードしたとしても連敗し、思ったほど儲からない時期があるかもしれません。

　そこで必要なのは**「自分の長期的な収益曲線」をイメージする**ことです。どんな有効な手法でも収益は常に右肩上がりに増えていくわけではありません。収益曲線が右下がりになり、損失が膨らむこともあります。そこで諦めてしまってはおしまいです。

　そのためには自分で学び、検証することが必要になります。本書では具体的な売買手法をいくつか載せていますが、できるだけ自分で検証してから使ってください。

　検証の結果、「短期的には損をすることはあっても、継続していれば収益になるんだ」ということを自分で確認できれば、一時的な損失局面でも挫折することなく、冷静にＦＸを続けられるはずです。

　どうやって検証するか、チャートを過去までさかのぼって見てもいいでしょうし、エクセルのような表計算ソフトを使う人もいます。あるいはＦＸの検証用ソフトがありますし、「ＭＴ４」にはローソク足を1本ずつ動かす機能があります。

僕がディーリングをしてきた27年間の経験から考えていること、実践していることをここまでご紹介してきましたが、思えば、すべて自分で試してみて……の繰り返しだったような気がします。

銀行時代、プロの為替ディーラーとして特別な教育や研修を受けただろうと思われるかもしれませんが、実はそんなことはなく、先輩は「背中を見て学べ」というスタンスでしたし、僕自身、後輩に何か勝つための「虎の巻」的なものを語ったことは一度もありません。

冷たいようですが、結局、先人の背中を見てマネをし、失敗も成功も検証を重ねて、自分の経験知にしていく。それがFXで勝てるようになる道なのだと思います。

皆さんがどの背中を見るのか——本書が、皆さんの見るべき背中になっていれば幸いです。

【西原トレード用語集】公式サイトやメルマガ、セミナー等で頻出する言葉をここで解説!

アグリーメント	agreement	フィボナッチ・リトレースメントとフィボナッチ・エクスパンションが重なるポイント。強い抵抗
イオニア	Eonia(Euro OverNight Index Average)	「ユーロ圏無担保翌日物平均金利」のことで、ユーロ圏のオーバーナイト金利のこと
オファー	offer	売りの注文。92円台のオファーが増えてきているというのは、92円台での売り注文が増えてきているという意味
カウントダウン	count down	TDシーケンシャルの専門用語。セットアップが9で終了後のトレンドの再開。13で終了とみなす
ガンマ	gamma	原資産の価格変動に対する、デルタの変動率。オプションを売り待ちしている状態がネガティブ・ガンマ。買い待ちしている状態がポジティブガンマ
三重底		RCIの長期・中期・短期線が－80%～－100%に近い付近で集まっている状況。　強い下降トレンド
三重天井		RCIの長期・中期・短期線が+80%～100%に近い付近で集まっている状況。　強い上昇トレンド
シングル・ペネトレーション	Single Penetration	ディナポリ・チャートによる押し目買い・戻り売りの手法
スクイーズ	squeeze	売りポジションの損切り買いが多く発生して相場が上昇すること
スクエア	square	ポジションを持っていない状態
スラスト	thrust	ローソク足が上昇あるいは下降しているDMAに沿って動いているディナポリ・チャートの形
セットアップ	set up	TDシーケンシャルの専門用語。9が出現すると、いったんそのトレンドが調整にはいる可能性があるとみる
セル・オン・ラリー	sell on rally	戻り売りのこと。「buy on dips」の反意語
ダビッシュ	dovish	ハト派。おもに景気に対する慎重な見方
WMレート		ロンドン・フィキシングのこと。ロンドン時間の「仲値」。WM社がロンドン16時のレートを参考に、fixレートを発表。年金ファンドなどが為替をとるときは、このロンドンfixで発注することが多いため注目される
ダブルノータッチ・オプション	double no touch option	ある期間内に、想定したレンジの上限・下限のどちらにもタッチしなければ、高いリターンが得られるエキゾチックオプション
ダブルレポ	Double　Repo	ディナポリが大きな方向性の転換を意識するサイン
チョッピー	choppy	不規則に変動する
DMA	Displaced Moving Averages	ズラした移動平均線

TDコンボ	TD-Combo	トム・デマーク開発のテクニカル指標のひとつ。TDシーケンシャルのデリバティブ版。カウントダウンの仕方がTDシーケンシャルと異なる
TDシーケンシャル	TD-Sequntial	トム・デマーク開発のテクニカル指標。逆張りテクニック
TDレイ	TD-REI	トム・デマーク開発のテクニカル指標のひとつ。オシレータ系のインディケータ
ディップ	dip	押し目。押し目買いは「buy on dip」
デルタ	delta	原資産の変動に対して、プレミアム（オプション価格）がどの程度変動するかを示す指標
トップアウト	top out	価格が天井をつけること。最高値に達すること
トリガー	trigger	オプションの権利が発生・消滅すること
バニラオプション	vanilla option	シンプルなオプション（例:ドルコール円プットオプション、米ドル/円でドルを買う権利）
ビッド	bid	買いの注文。89円台のbidが増えてきているというのは、89円台での買い注文が増えてきているという意味
踏み上げ		スクイーズと同義
プライスアクション	price action	値動き
プライスフリップ	price flip	TDシーケンシャルで用いられる用語。「前日の終値＞前日から4日前の終値」という状態から、「当日の終値＜当日より4日前の終値」となったらプライスフリップ
ブリッシュ	bullish	先行きに対する強気な見方
フロー	flow	大口投資家の注文
ベアリッシュ	bearish	先行きに対する弱気な見方
ヘッドラインリスク	headline risk	ニュースなどの見出し（ヘッドライン）で相場が急変するリスク
ホーキッシュ	hawkish	タカ派。主に景気の先行きに対する強気な見方
本邦		日本の企業や投資家
ボンドオークション	bond auction	国債の入札
MACDプリディクター	macd predictor	ディナポリのツールのひとつ。MACDをローソク足チャートに描画
リアルマネー	real money	輸出入企業などの、投機目的ではない為替市場参加者。実需
リクイディティ	liquidity	流動性
リスク・リバーサル	risk reversal	おもに通貨オプションや株式オプションの市場で使われる戦略のひとつ。満期期日、想定元本、デルタが同じアウト・オブ・ザ・マネーのコールの売り（または買い）と、アウト・オブ・ザ・マネーのプットの買い（または売り）を同時に行う、反対売買の取引のこと。相場にトレンドが出てくると、コールあるいはプットの需要が高まり、オプション市場での相場観を反映する
ロンドン・フィキシング	London fixing	ロンドン市場での基準となる価格。冬時間だと日本の夜12時、夏時間1時のレート。「ロンドンフィックス」とも呼ばれる

特別対談

歴史的転換点のなかで

飯田泰之

西原宏一

Iida Yasuyuki × Nishihara Koichi

2012年〜2013年にかけて、為替市場は「パラダイムチェンジ」と呼ぶにふさわしい激変を迎えました。円が世界から注目を集める通貨となった今、日本の経済・金融政策に関心を寄せるのはトレーダーの必然。注目の若手エコノミストの飯田泰之さんと、経済学と相場について語り合いました。

経済学と政策とマーケット

西原　今回、飯田さんとの対談を切望したのは、「FXトレーダーは今こそファンダメンタルズを勉強すべき」だと思ったからなんです。為替取引は、ファンダメンタルズ分析とテクニカル分析をバランスよく活用することでパフォーマンスが上がります。

しかし多くの個人投資家の方は、テクニカル分析、もしくはシステムトレード中心であり、ファンダメンタルズ分析にはあまり興味がありません。

今回のアベノミクスで、「日経平均とドル円相場」に大きなパラダイムチェンジが起き、誰の目にも日銀の金融政策の重要度がわかったわけです。

そこで今回の「アベノミクス」をきっかけにして、日本の投資家の方に日本の金融政策にも目を向けてもらいたいなと。

飯田　今までの金融政策は効きませんでしたしね。やらないから効かないという当然の因果が繰り返されるなかで、政策に対する無力感が支配的になった。政府も官僚も日銀も、政策を打ち出したとしても、なるべく後戻りできるようなものを出しては、危なくなるとすぐに引っ込めてしまう。とくに、日銀はその繰り返しでしたから。マーケットが〝本気〟を感じることがなくなってしまったんでしょうね。

西原　僕たちもアメリカのQEやECBのOMTについては、真剣に調べます。それが生き残るためのポイントですから。ただ、日銀の政策については二の次でしたね。今まではずっと円高が続き、しかも米ドル／円の値動きも小さくなるなかで、個人投資家の多くが、テクニカル分析に偏ってしまったんです。ファンダメンタルズ分析の勉強をするぐらいであればHFT（High Frequency Trade）の検証をしたいと。でも、そうした検証だけだと大きな流れが読めなくなってしまうんですよね。

飯田　日々の取引で、経済学が言えることはほとんどありません。ただ、景気の大きな流れ、基調をつかむのに経済学は役に立つ。上昇基調だっていう確信がないときに買い下がっても、自ら死刑台に上がるようなもの。方向に関しては経済政策が影響しますし、知らずに取引するのは怖いですからね。

西原　民主党政権の後半、当時、経済財政相だった前原誠司さんが金融緩和を言い出しましたけど、あれにはちょっと違和感がありました。民主党の上層部はデフレ派なのに。

飯田　僕は実はデフレ派／リフレ派みたいな区別は本質的な問題ではないと思っています。重要なのは、「経済政策が米ドル／円レートや株式市場を動かすことがある」ということです。経済学者のなかにも、「為替レートには自然な水準があり、人為的に動くはずがない」という信念を持っている人がいます。

西原　そんな話を聞いたら、経済学に何も期待できなくなっちゃいますよね。

飯田　為替レートは何か人為が及ばぬもののように語られる。下手をすると「金融政策やファンダメンタルズを見て投資をすべき」という考え方は、経済学者からも出てきません。為替レートでいうと「ソロスチャート」という2通貨のマネタリーベースの比率から通貨の先行きを予測するチャートがあり、一時期は神業レベルで当たっていたのに。

西原 トレーダーの間でもソロスチャートは有名です。ヘッジファンドはアメリカのQE2の経験があり、「マネタリーベースが2倍」という点に反応します。ソロスは今回の異次元緩和でもかなり収益をあげたようです。

飯田 経済学の理論どおりのことを大物相場師が使っていて、かつ儲けているわけで、こういう事実を日本の経済学者はもっと自慢すべきだと思うんですけどね。アメリカだと、クルーグマンなどが鬼の首を取ったかのように言いますけど（笑）。

西原 今回の「2年、マネタリーベースで2倍、物価目標2%」というのは、すごくわかりやすかったですね。つまり「皆さん、日本株とドル円を買ったほうがいいですよ」と（笑）。

飯田 今回、経済学の理論に基づいた政策が影響を与えることがある、と示したのはすごく重要だと思うんです。円高の是正そのものよりも重要かもしれない。経済学の教科書的には「2年・2%・2倍」となると、円安以外の方向はない。いまだに「効果は未知数」とか「経済学は明確な結論を出す力はない」とか言う人がいる。僕も明確な数値予想を出す力は、現在の経済学にはないとは思います。が、ひとまずの結論を出す力はある。それすら否定してしまうと、「経済学者は何のためにいるの？」という話です。純粋に知的な楽しみだけでやるなら、経済学より哲学や歴史学のほうが圧倒的におもしろいですから。

注目は日銀の今後と「ポンド安」

西原 飯田さんにお聞きしたいのですが、4月4日に日銀から「異次元緩和」の発表がありましたよね。僕も周りのディーラーも、「日銀の審議委員の意見の調整も間に合わないだろうから、4月4日には大きな発表はなく、4月26日の会合が本番だろう」と思っていたんで、驚きました。黒田東彦総裁がメディアを使って市場関係者にそうした相場観をつくり出したんだと考えていますが、いかがですか？

飯田　僕も「26日待ちだな」と見ていました。4月4日は日銀券ルールの廃止と、いわゆる基金方式の統合。現状追認的な決定だけを出して、4月26日の政策決定会合後の会見で大きな発表をするのだと思っていました。「26日までは様子見だろうな」と思っていたら、相場は天高く上がってしまった（笑）。僕もあれは黒田さんの意図的な演出だったのではないかと思ってます。

西原　日銀はできることを、一度にすべて打ち出してしまった気もします。今後、どうするんでしょう。

飯田　しばらくは日銀発のサプライズはなく、ただ言ったことを粛々とやり続けるのだと思います。債券市場に混乱が起きないように買い入れのスケジュールを周知徹底するとかですね。日銀に残された政策手段は、「付利」（銀行などが日銀の当座預金に預けるときの上乗せ金利）の撤廃くらい。でも、付利を撤廃しても長期債の利回りがわずかに下がるだけの話で、現時点で歴史的な低金利ですから、大した影響はないんですよね。

西原　世界的には日米欧がどこも金融緩和でジャブジャブになっています。そのなかで最大の量的緩和を行ったイギリスでは、景気が二番底に陥ることを防げなかった。リフレ派への批判のなかにも、イギリスを例に出して「ダメじゃないか」とも言われますが、これについてはどうお考えですか。

飯田　イギリスの場合、復活させるべき製造業がもうないんですよね。ドイツはもちろん、日本やアメリカは先進国のなかではそれなりに製造業の比率が高いから、金融緩和が効く。イギリスの場合、それがないので緩和してポンド安になっても恩恵を受けづらい。製造業の有無が明暗を分けたのではないかと思います。ドイツはギリシャやスペインのおかげで何もしないで通貨安になったから大変助かった、と。

西原　僕の知り合いのドイツ人も「過去にないくらい景気がいい」って言っていました。

飯田　日米独を見ると、何だかんだ言って製造業が大切だなと思います。金融業が生み出す雇用って、大数千万を稼ぐわずかなプレーヤーと、あとは事務員程度ですが、製造業関連は年収500万円くらいの人を大量に必要としますからね。

西原　イギリスの場合、金融立国になったはいいけど、製造業が空洞化してしまって、いくら緩和したところで雇用が増えない。だから消費も上向かないし、不景気のままだと。２０１３年7月からはイングランド銀行の総裁が変わって、カナダ中央銀行の総裁を務めていたマーク・カーニー氏が異例の横滑りとなりますが、何をやれるんでしょう？

飯田　「名目ＧＤＰターゲット」という感じになると思います。緩和をやめたら、さらに阿鼻叫喚に陥ると思うので、そこまでして持たせるしかない。そのためにはやはり為替しかないですよね。ポンドが安くなれば、サービス業に従事している外国人労働者が自国へ帰ってくれるので雇用にはポジティブ。製造業の復活に比べたら、小さな話ですけどね。それでもなんとかやり続けるしかない。

西原　「ポンド安」が次のテーマになるかもしれないので、7月からのカーニーさんの手腕に注目しているんです。

飯田　２００７年の夏、イギリスにいたことがあって、そのときのロンドンはイケイケ感がありました。バスにも求人広告がベタベタ張ってあって。その3年後に旅行で行ったらまったく空気感が違って、驚いたことがあります。

極端に振れる日本人

西原　日本って、景気が良くても悪くても生活自体はそんなに大きくはブレないんですけど、景気が悪くなると途端に気持ちのほうが沈んでしまいますよね。僕は6年前にシンガポールから帰国したのですが、そのときの日本の閉塞感にビックリしました。みんな、下を向いて歩いている。デフレは怖いなと思いましたね。

飯田　目線がどんどん低くなっていきましたね。逆にバブル絶頂期は真逆。日本ってすぐに「日本スゲエ～！」って話か、「日本はダメだ」って話になってしまう。

西原　バブルのときは「ジャパン・アズ・ナンバーワン」で「ライジングサン」だったのが、このあいだまでは「１００年デフレ」ですからね（笑）。

飯田　いいときも悪いときもあるという経験をあまりしていないんでしょうね。戦後だとオイルショックを除くと、ただただ上り調子でしたから。本来なら、行ったり来たりしながら、ゆっくり上っていくものなのに。

西原　押し目や戻りをつくりながら、ですよね。

飯田　それが日本は押し目があると、「ずっと下がるんじゃないか……」と不安になる。今回も「安倍バブル」と言われていますが、一本調子で上がるか、下がるかみたいな二択論が多くて、これも日本の識者の不思議さです。リーマンショック直後ですら、アメリカの経営者や経済学者に「これでアメリカ経済は衰退に向かうか？」って聞いたら、誰もそう言わなかったと思います。「そりゃまぁ悪いときもあるけど、そのうち回復するんじゃない？」って言いますよ。アメリカ人の楽観主義もどうかと思うときはありますが（笑）。

西原　日本人は極端に振れますよね。バブル後の低迷が長すぎたというのもあるんでしょうか？

飯田　すごく硬直的で、それはバブル時の日銀もそうだったんですよね。内需拡大要因に応じて金融緩和すると決めたら、今度は引き締めに転じるのにすごく時間がかかってしまった。1992〜1993年に大胆に金利を下げていれば、バブル崩壊はもうちょっと緩やかに着地できたはずです。

西原　素人の僕でもそう思っていました。もっと、弾力的にやればいいと思うんですけど。

飯田　インパール作戦の本を読むと、日本の意思決定についてよくわかりますよ（笑）。完全に破綻していたとしても、ヤルと決めたからにはヤル。そこに理屈は何もない。

西原　決めたら変えない、と。

飯田　だからこそ、今回「2％のインフレ目標」と、はっきり言ったのはすごくよかったと思うんです。システムを変えることなく、2％というゴールに向かっていける。日本って、決定に時間がかかり、一度決めると、それを変えるのにさらに時間がかかる。金融政策が発動して、2014年に2％に達したら、すばやく引き締めに回らなければいけません。その機動性は必須です。時間がかかると、今度は止められなくなりますから。ただ、岩田規久男副総裁はバブルのときに、金融緩和がいきすぎているという指摘でマクロ政策の論壇にデビューした方です。そのときが来たら、岩田先生が百八十度転換し、ガンガン金利上げろって話をしてくれるといいなと思いますね。決して、常にインフレが好きな人ではありませんから。

アメリカの出口戦略と日本の緩和

西原　ディーラー仲間と言っているのは、アメリカは今、出口を模索中で日本が米国債を買うことでそれが見えてくる。日銀の外債購入は国際的な批判が大きいので難しい。ただ日銀の金融緩和により、資金運用先に苦しむ国内機関投資家が米国債を買ってくれれば（ヘッジなしという条件つきで）、米ドル/円をサポートし、アメリカの量的緩和の出口で予想されるショックを緩和するかもしれない。そのためアメリカは米ドル/円が105円、110円になっても容認するのではないかと。加えて減速が目立ってきた新興国の代わりに日本が世界経済を引っ張ってくれるなら、円安がいいんじゃないの?と考えているような気がするんですが、どうでしょう。

飯田　G20やそれに続くG7で、日本の緩和に対して各国が鷹揚《おうよう》であることを考えると、日本が牽引するというビジョンが国際的に共有されている気もします。どこまで譲ってくれるかはわかりませんが、1ドル110円を超えても容認されるようなら、息の長い好景気になりますよね。トレンドとしては上げ相場なので、そのなかで戦略を立てていかないと。

西原　ファンダメンタルズ分析を学んでトレンドに乗って、なおかつ細かい部分はテクニカルに頼る、そんなやり方でしょうね。

飯田　僕にとってテクニカルって「カジュアルな計量分析」という認識なんです。短期で売買するときは必ず必要な知識だと思います。トレードのように1～2分で判断を迫られるときに専門的な計量分析とかできるわけないし、やってるうちに価格が変わってしまう。それに比べて「こう動いているから、移動平均の中心地はココだな」っていう瞬間的な判断に、テクニカルは使える。あとは、何回かはじかれているポイントがあったら、「そこには何か理由があるだろう」と。で、統計的な考え方だと「理由はわからないけど、何かはじかれやすいポイントがあるようだ」ってわかっておけばそれでいい。

西原　こういう会話をしているとますますドル円に対して強気になってきて、レベルかまわずドル円を買い増したくなりますね。実際、異次元緩和の発表の日は、テクニカルのレベルを無視して買い上がったことが功を奏したわけなので。

飯田　これだけいろいろ言ってますが、僕、リフレ界隈では一番儲かってないんです（笑）。わりとテクニカルも見るので、日経平均先物だったら、「1万円手前で何回か叩かれるだろうから、200円刻みぐらいで買い下がって、玉を膨らまそう」と思っていたら、もう何も考えずに上がっちゃって。押し目を待っていたせいで、儲け損なっちゃいました（笑）。

（2013年5月某日、都内にて）

いいだやすゆき

1975年東京都生まれ。東京大学経済学部卒業、同大学院博士課程単位取得。明治大学政治経済学部准教授。財務省財務総合政策研究所上席客員研究員。内閣府経済社会総合研究所等で客員を歴任。

経済政策に関する実証的分析を専門しつつ、ビジネスシーンにおける思考法・統計の利用方法に関する著作・講演も数多く手がける。

著書に『世界一わかりやすい 経済の教室』（中経文庫）、『思考の「型」を身につけよう 人生の最適解を導くヒント』（朝日新書）、『飯田のミクロ - 新しい経済学の教科書1』（光文社新書）『ダメな議論―論理思考で見抜く』（ちくま新書）など

あとがきにかえて　Stay Just A Little Bit Longer

初めての著書となる本書をあらためて読むと、自分の本でありながら別な人の本を読んでいるようで、不思議な感覚に陥っています。

為替相場と27年間、向き合ってきましたが、常に考えてきたことは、自ら進化しようということです。

ヘッジファンドの雄であるジョージ・ソロス、世界最大の為替ファンドのトップであるジョン・テイラー、現代最高のテクニカル・サイエンティストであるトム・デマーク――いずれも熟練のトレーダーでありアナリストですが、進化を止めることなく、耐えず変わり続けています。

彼らに比べれば僕など、まだまだ若輩者にすぎず、現状に満足するわけにはいきません。「今の完成形」として書いたこの本がどこか、他の人が書いたもののような感覚に襲われるのは、ソロスのように、テイラーのように、デマークのように、自分が変わり続けていることの証拠でもあるのかもしれません。

ただ、本書に書いたことは僕の27年間にわたるトレーダー生活から得た実践的な知恵と経験に基づくものであり、日々変貌する為替マーケットで生き残るために有益なものであると信じています。

本書のほんの一文でも、ひとつの単語でも、皆さんのトレードのお役に立つことができれば、僕にとって望外の喜びになります。

僕が、皆さんがＦＸに取り組むのは、もちろん収益をあげることが最大の目的です。せっかくＦＸに興味を抱いても、収益があがらなければＦＸを続けるのは困難です。ただ、収益とはＦＸ取引の結果に過ぎません。結果を求めるだけでは、逆に結果はついてこないことも事実です。

せっかくＦＸを始めても２０１２年に米ドル／円が長期にわたって小さな値動きで低迷したような時期に嫌気がさしてしまえば、そのあとにやってきたアベノミクスという大きなチャンスを失ってしまいます。

プロのトップテニスプレイヤーは高額の報酬を手にしますが、報酬だけを求めているとしたら、その厳しい練習に耐え、過酷な遠征を続けることは難しいでしょう。「テニスが好きである」という前提があって初めて、スランプに陥っても練習を続け、連敗が続いても試合に出続けることができるのです。

ＦＸも同じです。「好きであること」があって初めて、収益という結果がついてくるのだと思います。本書でも紹介したようにＦＸを取引することで、マクロ経済への興味が高まります。より有益な情報を収集しようと思えば英語が自然とブラッシュアップされます。ＦＸを通じて多くの友人を得ることもできるでしょう。これらひとつひとつは、あなたの世界を広げてくれるきっかけになります。これもＦＸの結果ではないでしょうか。

ＦＸを楽しみ、好きになり、世界を広げ、そして長く続けること。その結果として、収益がついていくるのだと僕は信じています。本書が、皆さんがＦＸを好きになるきっかけになり、そしてその先にある収益へとつながれば幸いです。

一緒に頑張っていきましょう。

最後に本書の執筆では多くの方々にお世話になりました。名前をあげればきりがないのですが、さまざまな出会いを与えてくれた奈那子さんをはじめとする「ＦＸ友の会」の皆さん、欧州関連のニュースをいちはやく教えていただいてる松崎美子さん、ディナポリを一緒に検証している田向宏行さん、原稿がなかなか進まない僕の背中を押していただいた高城泰さん。本当にありがとうございました。

西原宏一《にしはら・こういち》
CKキャピタル代表取締役。青山学院大学卒業後、1985年、大手米系銀行のシティバンク東京支店入行。1996年まで同行、為替部門チーフトレーダーとして在籍。その後、活躍の場を海外へ移し、ドイツ銀行ロンドン支店でジャパンデスク・ヘッド、シンガポール開発銀行（DBS）シンガポール本店でプロプライアトリーディーラー等を歴任。2009年に独立。現在は自ら、ディーリングをしながら、個人投資家へ投資助言を行う。ロンドン、シンガポールのファンドとの交流が深い。
週に10〜15本配信されるメルマガ（月額4200円）の読者は、これまでに4500人を超える。
http://www.ck-capital.jp/

30年間勝ち続けたプロが教える
シンプルFX

2013年6月15日 初版第一刷発行

著　　者　西原宏一
発 行 者　久保田榮一
発 行 所　株式会社 扶桑社
〒105-8070 東京都港区海岸1-15-1
電話　03-5403-8875（編集）
　　　03-5403-8859（販売）
http://www.fusosha.co.jp/
構　　成　高城　泰（ミドルマン）
装　　丁　小山　巧（株式会社 志岐デザイン事務所）
DTP制作　株式会社 志岐デザイン事務所
印刷・製本　大日本印刷株式会社

ISBN 978-4-594-06846-2